Max Maurenbrecher

Thomas von Aquinos Stellung zum Wirtschaftsleben seiner Zeit

Max Maurenbrecher

Thomas von Aquinos Stellung zum Wirtschaftsleben seiner Zeit

ISBN/EAN: 9783743311343

Hergestellt in Europa, USA, Kanada, Australien, Japan

Cover: Foto ©Suzi / pixelio.de

Manufactured and distributed by brebook publishing software
(www.brebook.com)

Max Maurenbrecher

Thomas von Aquinos Stellung zum Wirtschaftsleben seiner Zeit

THOMAS VON AQUINO'S STELLUNG ZUM WIRTSCHAFTSLEBEN SEINER ZEIT.

EINLEITUNG UND ERSTER TEIL

ALS

INAUGURAL-DISSERTATION

ZUR

ERLANGUNG DER PHILOSOPHISCHEN DOCTORWÜRDE

AN DER

UNIVERSITÄT LEIPZIG

EINGEREICHT VON

MAX MAURENBRECHER

CAND. THEOL.

LEIPZIG

DRUCK VON J. J. WEBER

1898.

VITA.

Ich, Max Heinrich Maurenbrecher, evangelisch-lutherischer Konfession, wurde geboren am 17. Juli 1874 in Königsberg in Preussen als Sohn des Universitätsprofessors Wilhelm M. und seiner Gemahlin Mary, geb. Maurenbrecher. In Bonn a. R., wohin mein Vater Ostern 1877 übergesiedelt war, erhielt ich den Elementarunterricht in einer Privatschule und besuchte von Ostern 1883 bis Herbst 1884 das dortige Kgl. Gymnasium. Dann wurde mein Vater nach Leipzig berufen († Nov. 1892), und ich wurde Schüler der dortigen Thomasschule, die ich Ostern 1892 mit dem Zeugnis der Reife verliess, um mich nun dem Studium der Theologie zu widmen. Ich studierte Sommer 1892 in Tübingen, darauf je ein Jahr in Leipzig und Berlin, dann wieder in Leipzig, wo ich am 27. Februar 1896 das Examen pro candidatura et licentia concionandi vor der Kgl. Prüfungskommission für Theologen bestand. Darauf blieb ich noch drei Semester in Leipzig immatrikuliert, beschäftigte mich in dieser Zeit vorwiegend mit volkswirtschaftlichen und philosophischen, daneben auch mit historischen Studien und bestand im Winter 1897/98 das philosophische Doktorexamen. — In meinen akademischen Studien habe ich die tiefgreifendsten Anregungen erhalten von den Herren Professoren: von Weizsäcker in Tübingen, Harnack und Kaftan in Berlin, Brieger, Guthe, Heinrici und Rietschel aus der theologischen, Bücher, Wundt und Lamprecht aus der philosophischen Fakultät in Leipzig, denen allen ich mich zu bleibender Dankbarkeit stets verpflichtet wissen werde.

Druck von J.

INHALTSUEBERSICHT

ERSTER TEIL.

Allgemeine Grundlagen des Wirtschaftslebens.

MEINER MUTTER

UND DEM ANDENKEN MEINES VATERS.

Einleitung.

Auf den folgenden Blättern soll der Versuch gemacht werden, die Stellung zu beschreiben und womöglich zu erklären, die der bedeutendste und einflussreichste unter den mittelalterlichen Theologen, der heilige Thomas von Aquino (geboren 1227, gestorben 1274), zu den wirtschaftlichen und sozialen Verhältnissen seiner Zeit eingenommen hat. Da diese Aufgabe aber im allgemeinen wieder zwei verschiedene Fragestellungen zulässt oder sogar fordert, so wird es zunächst nötig sein, dass wir über die der folgenden Darstellung zu Grunde liegende Auffassung Rechenschaft geben. Man kann sich nämlich entweder die Frage vorlegen, wie dieser mittelalterliche Scholastiker vom Standpunkt der innigsten religiösen Kontemplation aus wirtschaftliche Güter und wirtschaftliches Handeln gewertet hat es würde dann also eine Darstellung der subjektiven Stellung des Bettelmönches zu derartigen Dingen beabsichtigt sein, und es würde die Geschichte der mittelalterlichen Frömmigkeit, also im weitesten Sinne die Religions- und Sittengeschichte sein, zu der man einen Beitrag liefern will. Oder man meint mit jener Aufgabe mehr die Art und Weise, wie Thomas, unabhängig von seiner subjektiven Frömmigkeit, als der berühmteste und umfassendste Gelehrte seiner Zeit, objektiv über das wirtschaftliche und soziale Leben gedacht, wie er sich seine einzelnen Erscheinungen und seine allgemeinen Gesetze vorgestellt habe, oder ob ihm derartige Erwägungen etwa noch ganz fern gelegen haben; hier würde es also die Geschichte der Volkswirtschaftslehre sein, der man einen Dienst zu leisten beabsichtigt.

An sich sind nun natürlich beide Fragestellungen durchaus berechtigt: sie entsprechen vollkommen der Doppelnatur, die die Scholastik als mönchische Theologie und als die encyklopädische Wissenschaft ihrer Zeit auch an allen anderen Punkten zeigt. Darum muss eine auf Vollständigkeit ausgehende Darstellung natürlich schliesslich beiden zu genügen bestrebt sein; denn weder die Hervorhebung der die Geschichte der Frömmigkeit interessierenden Ausführungen, noch die Darstellung der in eine Geschichte der Nationalökonomie gehörigen Aufstellungen vermag für sich allein ein vollständiges Bild der Stellung unseres Theologen in diesen Fragen zu geben. Vielmehr wie der nach religiösen Motiven urteilende Mönch und der nach wissenschaftlicher Erkenntnis strebende Gelehrte trotz aller Verschiedenheiten im einzelnen schliesslich doch in derselben Person ihre Einheit finden, so wird man auch die Stellung des Thomas zu den wirtschaftlichen Fragen nur dann vollständig und allseitig erfasst haben, wenn man sie von beiden Gesichtspunkten aus betrachtet hat. Nichtsdestoweniger aber muss man zunächst doch eine Trennung zwischen jenen beiden Fragestellungen vornehmen. Wollte man nämlich bei jeder Einzelheit sofort die aus religiösen Motiven fliessenden Urteile ungeschieden neben die aus anderer Quelle stammenden zu stellen versuchen, so würde man bald bemerken, dass man ganz ungleichartiges Material zusammengestellt hat, und dass man so über keine der beiden Fragen zur Klarheit kommt. Man wird z. B. die wissenschaftliche Eigentumslehre unseres Schriftstellers nicht verstehen können, wenn man in sie die häufigen Lobpreisungen der freiwilligen Armut, also des Eigentumsverzichtes, ungeschieden mit hineinnimmt. Vielmehr wird man hier zur Klarlegung der einzelnen Gedankenreihen streng zwischen den religiösen und den wissenschaftlichen Urteilen zu scheiden haben, und erst wenn man beide zunächst isoliert betrachtet hat, wird man zu ihrer Vergleichung schreiten dürfen.

Ergiebt sich somit für unsere Darstellung die Notwendigkeit, dass wir zunächst zwischen der subjektiven Stellungnahme des Mönches und der objektiven des Gelehrten, soweit möglich, zu scheiden suchen, so ist nun weiter zu fragen, in welcher Reihenfolge man jene beiden Fragestellungen zu beantworten habe. Da kann es nun wohl keinem Zweifel unterliegen, dass der des Wirtschaftshistorikers durchaus der Vorrang vor der des Religionshistorikers zu geben ist; denn die subjektiv-religiöse Schätzung wirtschaftlicher Dinge, so sehr sie zunächst durch andere Motive bedingt ist, hängt doch auch wesentlich ab von der allgemeinen Kenntnis und dem Verständnis, das unser Theologe überhaupt in solchen Dingen besessen hat. So würde es auch für eine Darstellung, die an sich lediglich auf die Schilderung jener subjektiven Stellungnahme ausginge, doch immer noch nötig sein, die Vorfrage zu beantworten, was Thomas denn überhaupt von den treibenden Kräften des Wirtschaftslebens seiner Zeit gewusst, auf welche konkreten Verhältnisse er also jene subjektiven Urteile bezogen habe. Unterlässt man es, diese Vorfrage zu stellen — und die Historiker der christlichen Ethik haben es leider oft genug unterlassen[1]) — so schweben die religiös-ethischen Sätze ganz in der Luft, und man verliert jeden Massstab zu ihrer Würdigung und zugleich jegliches Mittel zu ihrer historischen Erklärung. Denn auch in der Geschichte der Ethik sollte man sich der Erkenntnis nicht verschliessen, dass jedes sittlich-religiöse Urteil nur erklärt und gewürdigt werden kann, wenn man es auf die konkreten Verhältnisse seiner Zeit und auf die Kultur bezieht, aus der es erwachsen ist, dass man aber den Boden wissenschaftlicher Methode verlässt, wenn man es unmittelbar an den Zuständen und Erkenntnissen der Gegenwart messen will. — Ist somit die Frage nach der objektiven Kenntnis und dem objektiven Verständnis für wirtschaftliche Verhältnisse auch für eine zunächst lediglich an der subjektiven Wertschätzung solcher Dinge interessierte Darstellung als unbedingt nötige Vorfrage zu betrachten, so wird sie erst recht in einer Darstellung, die, wie die folgende, beide Fragestellungen in gleicher Weise zu berücksichtigen strebt, die erste Stelle beanspruchen dürfen.

[1]) Als Beispiel sei hier Luthardt, Geschichte der christlichen Ethik I, 1888 genannt, der wohl an keiner einzigen Stelle die ethischen Aussagen über wirtschaftliche Dinge, von denen er berichtet, auf das wirkliche Leben der Zeit bezieht, in der sie entstanden sind, und der sie daher alle nur an dem Massstabe der evangelischen Ethik misst, die er selbst vertritt.

Demnach besteht die erste Aufgabe der folgenden Darstellung darin, unter möglichster Abstrahierung von allen aus religiösen Motiven stammenden, also subjektiven Werturteilen des Thomas zunächst zu zeigen, wie sich ihm als Gelehrten objektiv das wirtschaftliche und soziale Leben seiner Zeit dargestellt, und welche Vorschläge oder Normen allgemeingültiger Natur er dafür etwa gegeben hat. Es liegt somit in der Natur der Sache, dass wir uns mit der Frage nach den bisher veröffentlichten Bearbeitungen unseres Themas vor allem an die Geschichte der Nationalökonomie zu wenden haben.[1])

Hier ist wohl der Breslauer Professor Johannes Schön[2]) der erste gewesen, der in einer kurzen Skizze der Geschichte seiner Wissenschaft auch dem Thomas von Aquino — und zwar ihm allein von allen mittelalterlichen Denkern — wenigstens eine Seite gewidmet hat. Für die ersten ausführlicheren Dar-

---

[1]) Die systematischen Darstellungen der Lehre des Thomas nehmen auf seine wirtschaftlichen und sozialen Gedanken höchstens ganz nebenbei Rücksicht; auf eine historische Verarbeitung der einzelnen Aussprüche verzichten sie ganz. Als Beispiele seien die folgenden genannt: Carl Werner („Der heilige Thomas von Aquino." Regensburg. I. Band: Leben und Schriften. 1858. II. Band: Die Lehre. 1859) stellt lediglich in kurzem Abriss die Verfassungslehre des Thomas dar. Die weitere Darstellung, auf die im ersten Bande verwiesen wird (Seite 795), bringt der zweite Band nicht (siehe dort Seite 698). Stöckl („Geschichte der Philosophie des Mittelalters" II. 1865) giebt Seite 721 ff. nur eine Umschreibung des ersten Buches von: De regimine principum. — Der neueste Kritiker des Thomismus (Frohschammer, „Die Philosophie des Thomas von Aquino kritisch gewürdigt", Leipzig 1889) streift nur gelegentlich die Lehren vom Wucher und von der Sklaverei (Seite 475 f.; 480 f.). Auch Eucken („Die Philosophie des Thomas von Aquino und die Kultur der Neuzeit." Halle a. S. 1886. S. 43—48) ist hier, wie sonst, rein von philosophischen Gedanken beherrscht. — Der neueste Biograph des Thomas von katholischer Seite (Didiot, Le docteur angélique S. Thomas d'Aquin. Société de Saint-Augustin. Louvain 1894. S. 287—294) giebt lediglich eine in panegyrischem Stile gehaltene und nicht immer richtige Zusammenstellung einiger weniger Aussprüche über wirtschaftliche und soziale Dinge. — Eine Ausnahme macht wohl nur Jourdain (La philosophie de Saint Thomas d'Aquin, 1858); aber sein Werk ist mir leider nicht zugänglich gewesen. Derselbe Verfasser hat ein Jahrzehnt später seine Ansichten über die Wirtschaftslehre der Scholastiker dargestellt in den Mémoires de l'Académie des inscriptions et belles lettres. Band XXVIII. 1874. S. 1—51. („Les commencements de l'économie politique dans les écoles du Moyen-Age"), eine Darstellung, die unstreitig zu dem Besten gehört, was darüber bis jetzt geschrieben worden ist.

[2]) Johannes Schön, „Neue Untersuchung der Nationalökonomie und der natürlichen Volkswirtschaftsordnung." 1835. S. 10—12. — Vergl. desselben Verfassers: De Literatura Politica medii aevi. 1838. S. 14—19.

stellungen der Geschichte der Nationalökonomie[1]) ist diese Anregung freilich noch ganz ohne Erfolg geblieben; erst Julius Kautz[2]) hat — wieder als den einzigen mittelalterlichen Schriftsteller, den er ausführlicher behandelt — unseren Theologen herangezogen und ihm nun wenigstens doch schon vier Seiten gewidmet. An ihn hat sich dann vor allem Heinrich Contzen[3]) angeschlossen, der es nur leider oft bequemer fand, die Werke seiner Vorgänger, als die Quellen selbst um Rat zu fragen. Auch die Darstellungen von Funk[4]) und Cusumano[5]) scheinen, soweit sie sich auf Thomas beziehen, nicht auf tiefergehendem Quellenstudium zu beruhen.

Diese älteren, sämtlich der „historischen Schule" entstammenden Arbeiten entsprechen nun nicht mehr den Anforderungen, die man heute an derartige Darstellungen zu stellen sich gewöhnt hat. Sie bieten einmal lediglich eine

---

[1]) Die geschichtlichen Darstellungen von Blanqui und Villeneuve-Bargemont enthalten nichts über Thomas von Aquino.

[2]) Kautz, „Die geschichtliche Entwickelung der Nationalökonomie und ihrer Literatur." Wien 1866. S. 212—16. — Neben Schön hat er jedenfalls noch Feugeray („Essai sur les doctrines politiques de Saint Thomas d'Aquin." Paris 1857) benutzt, der wohl noch einige Aussprüche wirtschaftlichen Inhalts gesammelt hatte, die Schön entgangen waren. Leider ist mir dieses Buch nicht erreichbar gewesen.

[3]) Von Heinrich Contzen gehören mehrere Schriften hierher, von denen die späteren mit kleinen Zusätzen lediglich das wörtlich wiedergeben, was der Verfasser in den früheren aus Schön und Kautz abgeschrieben hatte, nämlich: 1. „De Thomae Aquinatis sententiis ad oeconomicam politicam pertinentibus." Basel 1861. 22 Seiten. (Hat mir nicht vorgelegen.) — 2. „Thomas von Aquino als volkswirtschaftlicher Schriftsteller. Ein Beitrag zur nationalökonomischen Dogmengeschichte des Mittelalters." Leipzig 1861. 16 Seiten. — 3. „Geschichte der volkswirtschaftlichen Literatur im Mittelalter." Berlin 1869, S. 1—46. — 4. „Die nationalökonomischen Grundsätze des heiligen Thomas von Aquino. Ein Beitrag zur Geschichte der volkswirtschaftlichen Literatur im Mittelalter." („Christlich-soziale Blätter" 1870, Jahrgang 3, S. 130—135). — 5. „Geschichte der volkswirtschaftlichen Literatur im Mittelalter mit besonderer Berücksichtigung der mittelalterlichen Staatslehre." 2. Aufl. 1875. S. 50—93.

[4]) Funk, „Ueber die ökonomischen Anschauungen der mittelalterlichen Theologen" (Zeitschr. f. d. ges. Staatswissenschaft. 1869. Band 25, S. 125—175).

[5]) Vito Cusumano, L'Economia politica nel Medio Evo. Palermo 1874, ein Buch, das ich leider nur aus der Inhaltsangabe bei Cossa (Di alcuni studi recenti sulle teorie economiche nel Medio Evo. — Rendiconti d. R. Instituto Lombardo etc. Serie II. tom. 9. 1876. S. 105 f.) kenne. — Eine andere italienische Darstellung (Fornari, delle teorie economiche nelle provincie Napolitane del secolo XIII. al 1734. Milano. Jahreszahl? S. 14—38) ist mir ebenfalls nicht zugänglich gewesen.

Zusammenstellung einzelner, und nicht einmal immer der wichtigsten, Aussprüche, ohne nach der Gesamtauffassung des wirtschaftlichen und sozialen Lebens zu suchen, die ihnen etwa zu Grunde liegt. Darum erklären sie auch niemals, wie Thomas zu diesen und warum er gerade zu diesen Aussprüchen gekommen ist. Sie setzen ferner die wirtschaftlichen Theorien niemals in Beziehung zu den wirtschaftlichen Zuständen der Zeit, in der sie entstanden sind; sondern sie beurteilen sie nur nach den Kategorien der klassischen Nationalökonomie, die für sie absolute Bedeutung haben. Sie beachten weiter nicht, dass Thomas viele der einzelnen Aussprüche, die sie anführen, früheren, besonders antiken Autoren entlehnt hat, fragen deshalb auch nicht, wie er sich im Ganzen zu diesen seinen Quellen verhält.[1]) Schliesslich ist aber noch vor allem hervorzuheben, dass sie sich über die Integrität und Authentie der Werke des Thomas, die sie benutzten, nicht unterrichtet haben; es ist ihnen nicht selten begegnet, dass sie längst als unecht erkannte Schriften doch als echt gebraucht und dafür die wirklich echten nur unvollständig herangezogen haben.

Demgegenüber ist nun in der neueren Nationalökonomie, für die teilweise freilich immer noch die alte Auffassung fortzubestehen scheint, dass die Wirtschaftslehre der Scholastiker nicht mit zur Geschichte ihrer Wissenschaft gehöre,[2]) andererseits doch auch wirklich ein erster Versuch gemacht worden, einzelne wirtschaftliche Erörterungen des Thomas und seiner Nachfolger vom mittelalterlichen Wirtschaftsleben aus zu ver-

---

[1]) Dieselben Einwendungen sind gegen die unsere Fragen betreffenden Partien einiger Darstellungen der Staatslehre des Thomas zu erheben. Hier sind vor allem zu nennen: Feugeray (siehe S. 5 Anm. 2); Baumann („Staatslehre des heiligen Thomas von Aquino, des grössten Theologen und Philosophen der katholischen Kirche." Leipzig 1873, S. 190—203 und Einleitung S. 8 f.), Thömes („Divi Thomae Aquinatis Opera et Praecepta, quid valeant ad res ecclesiasticas politicas sociales. Commentatio literaria et critica." Pars prima. Berolini 1875), der wegen seiner literar-kritischen Untersuchungen besonders zu loben ist, spezifisch Wirtschaftliches aber nicht enthält; Antoniades („Die Staatslehre des Thomas ab Aquino." Leipzig 1890). — Einige sehr beachtenswerte Bemerkungen über die Staatslehre des Thomas giebt Carlyle („The political theories of St. Thomas Aquinas." The Scottish Review. Jan. 1896, p. 126—150), der aber ebenfalls alles Wirtschaftliche unberücksichtigt lässt.

[2]) So die Geschichten der Nationalökonomie von Dühring und Eisenhart.

stehen. Aber die beiden englischen Wirtschaftshistoriker,[1]) die in dieser Weise zum erstenmale eine Verbindung zwischen Wirtschaftsleben und Wirtschaftslehre aufzuzeigen unternommen haben, sind dabei, wie es ja in der Natur ihrer Arbeiten lag, doch immerhin nur auf einzelne Fragen eingegangen; eine Gesamtdarstellung der thomistischen Wirtschaftslehre von historischem Standpunkt aus haben auch sie noch nicht geleistet.

In diese Lücke einzuspringen, wäre nun wohl eigentlich Sache der modernen katholischen Sozialpolitiker gewesen, für die ja seit Leos XIII. Encykliken Thomas absolute Autorität geworden ist. Aber es ist eine merkwürdige Thatsache, dass unter der ganz unübersehbaren Menge thomistischer Studien überhaupt, die der moderne Katholizismus hervorgebracht hat, verhältnismässig nur sehr wenige sind, die das wirtschaftliche und soziale Gebiet betreffen.[2]) Unter diesen wenigen ist nun zwar manche Einzeluntersuchung zu nennen, die brauchbare Ergebnisse zu Tage gefördert hat; aber es ist auch von dieser Seite aus keine eingehendere, das Ganze umfassende Darstellung der Wirtschaftslehre des Thomas erschienen. Und fast immer wird bei diesen Arbeiten der wissenschaftliche Wert getrübt durch den Anspruch, dass man hier eine unfehlbare Autorität auch für die praktische Wirtschaftspolitik unserer

---

[1]) Ashley („Englische Wirtschaftsgeschichte." Deutsch von Oppenheimer. 2 Bände. Leipzig 1896); Derselbe: Artikel „Aquinas" in Palgraves „Dictionary of Political Economy", Band I; Cunningham („The Growth of english Industry and Commerce during the early and middle ages." Cambridge 1890). — Vor allem durch die Ashleysche Darstellung bekennt der Verfasser, nicht wenig gefördert worden zu sein.

[2]) Dr L., „Die Soziallehre des heiligen Thomas" (Christl.-soziale Blätter, Jahrg. 1880—1883). — C. M. Schneider, „Die Grundprinzipien des heiligen Thomas und der moderne Sozialismus." (Jahrb. für spec. Theol. und Philos. Band VIII—X [noch nicht vollendet]), versteht unter „Sozialismus" mehr den philosophischen Materialismus als den ökonomischen Sozialismus und bietet nur in dem Kapitel über das Eigentum etwas, was unsere Frage berührt. — Derselbe, „Die sozialistische Staatsidee, beleuchtet durch Thomas von Aquin" (Paderborn 1894), bietet nur eine willkürliche Uebersetzung aus dem Kommentar zur „Politik" des Aristoteles mit erklärenden Zusätzen. — Gayraud, L'Antisémitisme de St. Thomas d'Aquin. Paris 1896. 370 S. — Walter, Das Eigentum nach d. Lehre des hl. Thomas v. A. u. des Sozialismus. Freiburg i. Br. 1895. 219 S. — Einige andere Aufsätze über Spezialfragen werden an ihrem Orte genannt werden. Maumus, „Les doctrines politiques de Saint Thomas" (Revue Thomiste Band I, Heft 3 S. 303—315), bespricht lediglich eine Frage aus der Verfassungslehre.

Zeit vor sich habe. Damit wird aber wieder ähnlich wie in den Darstellungen der „historischen Schule“ die Wirtschaftslehre des Thomas von dem Boden entfernt, auf dem allein sie geschichtlich verstanden und gewürdigt werden kann.

So wird also eine Darstellung, die die ganze Wirtschaftslehre des Thomas vom historischen Standpunkt aus zu behandeln sich vornimmt, noch immer darauf rechnen dürfen, keine überflüssige Arbeit zu leisten.

Wenn es nun oben als unsere erste Aufgabe bezeichnet worden ist, zu zeigen, wie sich unserem Gelehrten das wirtschaftliche und soziale Leben seiner Zeit objektiv dargestellt habe, so ist dabei stillschweigend vorausgesetzt worden, dass er wirklich mit seinen Anschauungen und Vorschlägen ganz auf dem Boden dieser seiner Zeit gestanden habe. Das ist aber eine Voraussetzung, die wir gerade bei einem Scholastiker nicht ohne weiteres machen dürfen; denn der Scholastiker arbeitet ja nicht wie ein Systematiker unserer Tage, indem er die Erscheinungen des wirklichen Lebens studiert und in zergliedernder Analyse auf bestimmte Gesetze zurückzuführen sucht. Sein Interesse ist vielmehr lediglich darauf gerichtet, die Aussprüche der Vergangenheit, die Autoritäten der kirchlichen und wissenschaftlichen Lehre, zu sammeln und durch geeignete Interpretation in allen Punkten miteinander in Uebereinstimmung zu setzen, also ein System herzustellen nicht aus eingehender Beobachtung des wirklichen Lebens seiner Zeit, sondern aus einer emsig zusammengetragenen Sammlung von Sentenzen früherer Autoren. Darum erweckt jede derartige Ausführung zunächst den Eindruck, als rede ihr Verfasser nur von Dingen, die zwar auf antikem Boden einmal lebendig waren, für seine Zeit aber keine Bedeutung mehr hatten, wie man denn auch wirklich sowohl bei der Staats- als bei der Wirtschafts- und Soziallehre des Thomas gelegentlich gemeint hat, sie entsprächen wohl ganz der antiken Auffassung, zeigten aber für die spezifisch mittelalterlichen Verhältnisse kein Verständnis.[1])

---

[1]) So z. B. Baumann (siehe S. 6 Anm. 1), Ingram, „Gesch. d. Volkswirtschaftslehre“, übers. von Roschlau. Tübingen 1890 (Seite 37) u. a.

Eine derartige Behauptung ist nun aber, wenigstens als aprioristische Voraussetzung, jedenfalls falsch; denn man muss doch zunächst wenigstens die Möglichkeit offen halten, dass sich trotz aller formellen Einkleidung in antikes Gewand sachlich doch, vielleicht ungewollt, eine Beziehung auch auf die Gegenwart des Schriftstellers einschleiche. Andererseits müssen wir doch auch daraus, dass eine derartige Behauptung überhaupt möglich war, für uns den Schluss ziehen, dass es ebenso falsch wäre, ohne weiteres vorauszusetzen, in den wirtschaftlichen Aeusserungen unseres Theologen spiegele sich immer nur das Wirtschaftsleben seiner Zeit. Vielmehr werden wir in jedem einzelnen Falle die Vorfrage stellen müssen, wieviel von seinen Ausführungen etwa wirklich auf Rechnung der Vergangenheit komme, und wo sich etwa unwillkürlich doch der Einfluss der eigenen Gegenwart verrate. Die Frage nach den Quellen seiner Wirtschaftslehre tritt damit für uns als eine der wichtigsten in den Vordergrund der Untersuchung.

Für diese Frage aber haben die oben erwähnten Bearbeitungen so gut wie nichts geleistet. Freilich hat schon der alte Schön gesehen, dass Thomas im wesentlichen durch Aristoteles beeinflusst worden ist; andere haben dann noch auf die Kirchenväter hingewiesen; schliesslich hat Ashley auch den Einfluss des römischen Rechtes betont: und mit diesen drei Gruppen hat man wohl auch wirklich die hier vornehmlich in Betracht kommenden Quellen vollzählig beisammen. Aber mit dieser allgemeinen Aufzählung ist es noch nicht gethan, es kommt gerade darauf an, bei jeder Einzelheit die Beziehungen zu diesen Quellen zu prüfen, und dabei gerade lassen uns die bisherigen Bearbeitungen vollständig im Stich.

Und doch hat man allen Anlass, zu vermuten, dass die aus anderen Quellen entlehnten Sätze bei Thomas nicht immer ihre ursprüngliche Bedeutung behalten haben werden. Was nämlich zunächst sein Verhältnis zu Aristoteles betrifft,[1])

---

[1]) Ueber die Wirtschaftslehre des Aristoteles existiert ein für unsere Zwecke brauchbares Werk nicht. Was Oncken („Die Staatslehre des Aristoteles in historisch-politischen Umrissen" II, 1875 S. 29—114) darüber bietet, ist lediglich eine Uebersetzung der betreffenden Stellen des ersten Buches der Politik, auf die der Verfasser dann in räsonnierender Darstellung die Kategorien der klassischen National-

so darf man doch wohl von vornherein annehmen, dass der Theologe, der sonst überall das aristotelische System unbewusst mehr oder weniger modifiziert hat,[1]) auch in der Wirtschaftslehre einige charakteristische Verschiedenheiten aufweisen, dass er auch hier, wie sonst, seine Vorlage unwillkürlich umdeuten, missverstehen oder aus anderen Quellen ergänzen wird. Ebenso wird man bei jeder Bezugnahme auf Aussprüche der Kirchenväter oder des kanonischen Rechtes[2]) zu untersuchen haben, ob der Sinn der Worte nicht doch durch die Verbindung mit anderen, vornehmlich mit aristotelischen Gedanken

ökonomie anwendet, die natürlich nirgends passen wollen. An eine wirkliche Verarbeitung der Excerpte aus Aristoteles denkt er nicht. Auch die Abhandlung von Ludwig Schneider („Die staatswirtschaftlichen Lehren in der Politik des Aristoteles", Schulprogramme I. Deutsch-Krone 1868; II. Neu-Ruppin 1873) giebt lediglich eine dogmatische Darstellung und zwängt den Aristoteles, so gut es geht, in das System der klassischen Schule hinein. Die Dissertation von Hodermann (Quaestionum oeconomicarum specimen. Berliner Stud. f. class. Philol. u. Archäol. Band XVI, Heft 4. Berlin 1896, S. 20—23) bietet nur eine dürftige Sammlung von Excerpten, deren wirtschaftliche Interpretation nicht einmal versucht wird. — So ist der Verfasser darauf angewiesen gewesen, die für ihn gerade hier unentbehrlichen Vorarbeiten selbst zu machen. Dabei ist für die Politik die Textausgabe von Susemihl (B. G. Teubner 1894) und desselben Verfassers Kommentar (1879) benutzt worden, der übrigens bezüglich der Darstellung der Wirtschaftslehre (Einleitung S. 17—22) leider ganz auf Oncken fusst; für die Nikomachische Ethik die Ausgabe von Ramsauer (1878). Für die wirtschaftliche Interpretation der betreffenden Ausführungen des Aristoteles bekennt der Verfasser das meiste von Rodbertus gelernt zu haben („Untersuchungen auf dem Gebiete der Nationalökonomie des klassischen Altertums." Jahrb. f. Nat. und Stat. Band II—IV. 1864 ff., besonders II, S. 267 f.; IV, S. 342 ff.

[1]) Siehe darüber die lichtvolle und ansprechende Darstellung bei Eucken (siehe S. 4 Anm. 1).

[2]) Eine zusammenfassende Darstellung des Verhaltens der alten und mittelalterlichen Kirche zum Wirtschaftsleben giebt es leider nicht. Das meiste darüber enthält immer noch Uhlhorn, Die christliche Liebesthätigkeit I, 1882; II, 1884, hier citiert nach der zweiten Auflage des ganzen Werkes (1895), in der die drei Bände der ersten in einen zusammengezogen sind, wobei leider die Belege wegfallen mussten. Daneben bietet einige Gesichtspunkte Harnack in seinem Vortrage: „Die evangelisch-soziale Aufgabe im Lichte der Geschichte der Kirche" (Verhandlungen des evangelisch-sozialen Kongresses in Frankfurt a.M. 16. u. 17. Mai 1894, S. 136—173). Nur dürftiges Material bieten Nathusius (Die Mitarbeit der Kirche an der Lösung der sozialen Frage, Band I, 1893; II. 1894, 2. Aufl. 1897) und Luthardt (siehe S. 3 Anm. 1). Die Darstellung von Endemann, „Die nationalökonomischen Grundsätze der kanonistischen Lehre" (Jahrb. f. Nat. und Stat. 1863 (auch separat), ist für uns zunächst nicht zu benutzen, da sie die betreffenden Sätze des kanonischen Rechts nicht aus ihrer Zeit, sondern nach den Theorien der späteren Juristen, vor allem der des sechzehnten Jahrhunderts, erklärt.

eine Umdeutung erfahren hat. Findet man aber irgendwo eine derartige Verschiebung des ursprünglichen Sinnes, so wird weiter zu fragen sein, was denn der Grund dafür gewesen ist, dass Thomas die Aussagen seiner Autoritäten nicht mehr völlig hat verstehen können, und ob man nicht hier eben doch einen verborgen wirkenden Einfluss der Verhältnisse seiner Zeit anzunehmen gezwungen ist.

Wir werden nun wohl nicht erwarten dürfen, dass die Frage nach den Quellen der Wirtschaftslehre unseres Theologen sich mit einem festen: Entweder — Oder entscheiden lassen wird, dass wir etwa zu dem Ergebnis kommen werden, dass nur die Ansichten der Autoritäten oder nur die Zustände seiner Zeit in allen Einzelheiten für ihn bestimmend gewesen sind. Vielmehr werden wir wohl vermutlich finden, dass im einen Falle mehr jene, im andern mehr diese für die Gestaltung einer einzelnen Lehre massgebend gewesen sind, so dass es sich schliesslich für uns doch nur darum handeln kann, festzustellen, aus welcher von beiden Quellen die Gesamtauffassung entsprungen ist, die er im grossen und ganzen vom wirtschaftlichen Leben hat. Zur Entscheidung dieser Frage aber haben wir ein ganz sicheres Kriterium: jene drei Gruppen von Autoritäten, die wir oben unterschieden haben, haben nämlich das miteinander gemeinsam, dass sie alle auf antikem Boden entstanden sind; antikes Wirtschaftsleben ist es also, das sich in ihnen spiegelt. Thomas aber schreibt im 13. Jahrhundert; ihn umgab in Italien das Wirtschaftsleben des späteren Mittelalters in seiner ausgeprägtesten Form: so muss sich deutlich erkennen lassen, aus welcher Quelle in letzter Linie seine wirtschaftliche Gesamtanschauung entsprungen ist. Hat sie antiken Charakter, so werden wir sagen, dass sie trotz aller etwa zu konstatierenden Bezugnahme auf Einzelheiten seiner Zeit im Grunde doch durch die alten Autoritäten der Vergangenheit bestimmt ist; zeigt sie im wesentlichen mittelalterliche Eigenart, so ist sie trotz aller Einkleidung in antikes Gewand letztlich doch durch die lebendige Wirklichkeit bestimmt, die ihm vor Augen lag.

Aber auch, wenn sich bei einzelnen Lehren ergiebt, dass sie unzweifelhaft nur aus antiken Quellen geschöpft sein können, so ist damit unsere Arbeit noch nicht zu Ende. Vielmehr wird gerade dann die Frage zu beachten sein, welche Bedeutung dieser Wiederaufnahme antiker Gedanken für die Entwickelung zukommt, die die betreffende Lehre in der abendländischen Christenheit bis ins 13. Jahrhundert hinein durchgemacht hat. Es ist nämlich zu beachten, dass man im Abendlande die aristotelische Politik, die hier ja zumeist in Betracht kommt, nicht schon das ganze Mittelalter hindurch besessen hat; vielmehr ist bekannt,[1]) dass gerade Thomas selbst es gewesen ist, der zuerst eine lateinische Uebersetzung dieser Schrift veranlasst und dann, noch vor seinem Lehrer Albertus Magnus, einen Kommentar dazu geschrieben hat. Wenn er also wirtschaftliche Gedanken aus dieser Schrift des Aristoteles entlehnt hat, so sind diese Gedanken für die abendländische Christenheit jedenfalls etwas durchaus Neues gewesen, und man darf von vornherein vermuten, dass sie auf die Entwickelung der betreffenden Lehre in der Folgezeit von grösstem Einfluss gewesen sind.[2]) Es wird im einzelnen Falle unsere Aufgabe sein müssen, diese Bedeutung wenigstens anzudeuten.

Treten wir nun nach diesen einleitenden Erörterungen der eigentlichen Darstellung selbst näher, so wird es zunächst

---

[1]) Siehe Jourdain („Geschichte der aristotelischen Schriften im Mittelalter", übersetzt u. s. w. von Stahr. Halle a. S. 1831), dessen Ergebnisse jetzt überall angenommen worden sind, bezüglich der Politik mit der Modifikation, dass auch sie sich unter den von Wilhelm von Mörbeka auf Wunsch des Thomas zwischen den Jahren 1260 und 1270 in das Lateinische übersetzten Schriften des Aristoteles befunden habe, was jener noch bezweifelt hatte. Siehe darüber Oncken, „Die Wiederbelebung der aristotelischen Politik in der abendländischen Leserwelt." (Festschrift zur Begrüssung der vierundzwanzigsten Versammlung deutscher Philologen und Schulmänner, veröffentlicht von dem historisch-philosophischen Verein zu Heidelberg. Leipzig 1865, S. 1—18), ein Aufsatz, der dann fast wörtlich in den I. Band der „Staatslehre" übergegangen ist; auch Susemihl in der Einleitung der Ausgabe von 1879 S. 8 und Vorrede p. IX. — An diesem Thatbestande wird nichts geändert durch den Umstand, dass sich inzwischen in einem Palimpsest Bruchstücke einer griechischen Handschrift der Politik aus dem zehnten Jahrhundert gefunden haben. Siehe darüber Heylbut im Rheinischen Museum, Neue Folge Band XXXXII. 1887, S. 102—110.

[2]) Diesen Gesichtspunkt hat unter den bisherigen Bearbeitern nur Jourdain in dem S. 4 Anm. 1 genannten Aufsatze geltend gemacht. Er exemplifiziert auf die Lehre vom Geld, Kredit und Gewinn; noch deutlicher zeigt sich das im Text dargestellte Verhältnis in der Eigentumslehre (siehe unten Kap. IV am Ende).

nötig sein, dass wir uns einen allgemeinen Ueberblick darüber verschaffen, welcher Art und welches Umfanges überhaupt das Material ist, das uns für die Erkenntnis der Wirtschaftslehre unseres Theologen zur Verfügung steht. Da ist es nun das erste Erfordernis, dass wir von einigen litterarkritischen Untersuchungen über die Werke des Thomas Kenntnis nehmen und uns ihre, übrigens allgemein anerkannten Ergebnisse ebenfalls aneignen. Dann wird es sich darum handeln, aus den echten Werken möglichst vollständig alles zusammenzutragen, was auf wirtschaftliche und soziale Dinge Bezug hat. Dadurch werden wir schliesslich auch die Möglichkeit erhalten, der folgenden Darstellung eine sachgemässe, nicht von aussen herangebrachte Einteilung zu Grunde zu legen. Wir wollen versuchen, in einem besonderen Kapitel diese grundlegenden Aufgaben zu erfüllen.

Erstes Kapitel.

Das Material.

Eine grössere monographische Abhandlung über wirtschaftliche Dinge hat Thomas[1]) nicht geschrieben. Wohl existiert unter seinem Namen eine Schrift „Ueber den Wucher im allgemeinen und einige Arten wucherischer Verträge im besondern",[2]) die, wenn echt, jedenfalls als sein umfangreichstes Werk über wirtschaftliche Dinge anzusehen wäre, aber jeder auch nur flüchtige Blick zeigt, dass sie leider nicht echt ist.[3]) Damit fällt für uns eine Reihe wirtschaftlicher Ausführungen fort, die namentlich die ältere Litteratur als thomistisch aufgenommen hatte.

So sind wir, was Schriften speziell wirtschaftlichen Inhaltes anbetrifft, auf zwei Gutachten angewiesen, die sich in der

---

[1]) Da die neue römische Ausgabe der Werke des Thomas (S. Thomae Aquinatis Opera omnia iussu impensaque Leonis XIII P. M. edita. Romae 1882 ff. 4°; bis jetzt 8 Bände) die für uns in Betracht kommenden Schriften nur zum kleinsten Teile enthält, musste hier durchweg (eine Ausnahme siehe S. 18 Anm. 1) die leider völlig ungenügende Parmenser Ausgabe benutzt werden (S. Th. A. Op. om. ad fidem optimarum *editionum* (!) accurate recognita. Parmae 1852—1873. 25 Bände 4°). — Den litterarischen Bestimmungen sind hier, wie das bei allen Neueren der Fall ist, die Ergebnisse der Untersuchungen des Dominikaners Bernardi de Rubeis zu Grunde gelegt worden, die dieser für die venetianische Ausgabe (1745—88) angestellt hat, und die im ersten Bande der römischen Ausgabe wieder abgedruckt sind (in der Parmenser Ausgabe befinden sie sich über alle Bände verstreut). Ausserdem vergl. die Ausführungen von Thömes (s. S. 6 Anm. 1) p. 22—43. — Die kleineren Schriften des Thomas (opuscula) werden meist nach der Reihenfolge gezählt, in der sie in der alten römischen Ausgabe stehen (1570 ff.); die betr. Bestimmungen sind auch hier denen der Parmenser Ausgabe vorangestellt.

[2]) De usuris in communi et de usurarum contractibus (Ed. Rom. opusc. 73. — Ed. Parm. tom. 17, S. 413—436).

[3]) Siehe Rubeis (dissertatio 20, c. 5).

Sammlung seiner kleineren Schriften finden, deren eines er auf eine Anfrage einer brabantischen Herzogin, das andere auf die eines florentinischen Klerikers geschrieben hat. Das erste[1]) giebt über acht Fragen der Staatsverwaltung[2]) Auskunft, die die Herzogin offenbar in ihrem Gewissen beunruhigt hatten, und von denen sich fünf auf das Verhalten des Fürsten den Juden gegenüber beziehen (daher hat die ganze Schrift den Namen „Ueber die Regierung der Juden" erhalten). Von der Beantwortung dieser fünf ist für uns nur die erste interessant, weil sie eine ausführliche Darstellung der Einzelheiten der ‚restitutio' enthält, auf die die anderen dann ausdrücklich zurückgeführt werden. Wichtiger noch sind aber die anderen drei Fragen, die von Verkauf oder Verpfändung der Aemter seitens des Fürsten und von der Erhebung einer allgemeinen Steuer handeln. Ausserdem bietet die Schrift auch für die allgemeine Beurteilung des Kreditwesens wichtige Gedanken dar.

Das andere Gutachten über wirtschaftliche Dinge,[3]) dessen Echtheit freilich stark angezweifelt wird,[4]) ist an einen floren-

---

[1]) De regimine Judaeorum ad ducissam Brabantiae (Ed. Rom. opusc. 21. — Ed. Parm. tom. 16, S. 292—294. — Ausserdem u. a. abgedruckt bei Gayraud, a. a. O. [s. oben S. 7 Anm. 2] S. 343—357). — Es bestehen Zweifel, ob die Adressatin die Herzogin Alix von Brabant oder die Gräfin Margarethe von Flandern gewesen ist. (So Rubeis, diss. 22, c. 4). Ich folge hier Gayraud, der (p. 63—68), auf diplomatische Publikationen gestützt, die mir nicht zugänglich gewesen sind, annimmt, dass das erstere der Fall sei; danach würde die Schrift in den Jahren 1263—1267 geschrieben sein.

[2]) .... 1. si liceat vobis aliquo tempore, et quo, exactionem facere in Judaeos. 2. Si peccaverit Judaeus, utrum sit poena pecuniaria puniendus, cum nihil habeat praeter usuras. 3. Si ultra offerat pecuniam vel aliquod encoenium, an recipere liceat. 4. Si plus accipitur a Judaeo, quam ab eo Christiani requirant, quid sit de residuo faciendum. 5. Quinto quaerebatis de balivis et officialibus vestris, si liceat eis officia vendere vel mutuo ab eis recipere aliquid certum, donec tantum recipiant ex officiis. 6. Si liceat vobis exactiones facere in vestros subditos. 7. Si officiales vestri absque juris ordine aliquid a subditis extorserint, quod ad manus vestras devenerit, vel non forte, quid circa hoc facere debeatis. 8. Si bonum est, ut per provinciam vestram Judaei signum distinctivum a Christianis deportare cogantur.

[3]) De emtione et venditione ad tempus. (Ed. Rom. opusc. 67. — Ed. Parm. tom. 17, S. 337). Das Prooemium lautet: Carissimo in Christo Fratri Jacobo Viterbiensi, Lectori Florentino, frater Thomas de Aquino salutem. Recepi litteras vestras in quibusdam casibus, super quibus Electi Capuani et meam sententiam petebatis; super collatione habita cum Electo Capuano eodem et post cum Domino Hugoni Cardinali duxi respondendum etc.

[4]) Nach Rubeis (diss. 20, c. 4) fehlt es allerdings in fast allen Verzeichnissen thomistischer Schriften. Doch wäre das bei seinem geringen Umfange leicht zu

tinischen Kleriker gerichtet, der vier Fragen bezüglich einiger neu aufgekommener Handelspraktiken toskanischer Kaufleute gestellt hatte. Die Antworten des Thomas gewähren uns — die Echtheit der Schrift vorausgesetzt — einen Einblick in seine Ansichten über Handels- und Kreditwesen und fallen auch für seine Wertlehre stark ins Gewicht.

Ausser diesen kleinen Gutachten hat Thomas niemals wirtschaftliche Dinge in monographischer Form behandelt. Bei ihm, wie bei den anderen Gelehrten seiner Zeit, sind wir daher für derartige Ausführungen zu allermeist auf die grösseren politischen und ethischen Untersuchungen angewiesen.

Seinen politischen Gedanken hat Thomas nur einmal[1]) in einer besonderen Schrift Ausdruck gegeben. Aus ihrer Einleitung[2]) geht hervor, dass er irgendwie Veranlassung gehabt haben muss, einem Könige, der Ueberlieferung nach dem „Könige von Cypern", ein Buch zu widmen. Der Stellung des Adressaten und seinem eigenen Berufe entsprechend hat er eine Schrift „Ueber die Regierung der Fürsten" zu schreiben unternommen, sie jedoch aus irgend einem Grunde nicht zu Ende geführt.[3]) Im ersten Teile (I, 1—11) giebt er zunächst

---

erklären. Baumann (siehe S. 6 Anm. 1) Seite 6 äussert Zweifel an ihrer Echtheit, Thömes erklärt sie (Seite 37) schlankweg für unecht, während die Parmenser Ausgabe sie für echt hält. Die ganze Frage kann lediglich aus inneren Gründen, und daher erst später, entschieden werden; jedenfalls spricht das Prooemium (s. S. 15 Anm. 3) sehr für die Echtheit.

[1]) De regimine principum ad regem Cypri (Ed. Rom. opusc. 20. — Ed. Parm. tom. 16, S. 225—291). — Ueber diese Schrift ist eine Monographie erschienen (Caesar August Bosone: „Der Aufsatz de reg. princ. von Thomas von Aquin. Ein Beitrag zur Kenntnis der Staatsphilosophie im Mittelalter." Diss. Bonn 1894. 68 Seiten), die ihrem wesentlichsten Teile nach lediglich eine Inhaltsangabe der Schrift ist und auch in der litterarkritischen Einleitung kein brauchbares Ergebnis enthält.

[2]) Argumentum operis: Cogitanti mihi, quid offerrem regiae celsitudini dignum meaeque professioni congruum et officio, id occurrit potissime offerendum, ut regi librum de regno scriberem, in quo et regni originem et ea, quae ad regis officium pertinent, secundum scripturae divinae auctoritatem, philosophorum dogma et exempla laudatorum principum diligenter depromerem iuxta ingenii proprii facultatem. Der „König von Cypern" ist nach Rubeis Hugo II., der 1266 als 14jähriger Jüngling starb.

[3]) Siehe die Belege bei Rubeis (diss. 22, c. 1—3), dessen Untersuchungen für diese Frage als abschliessend zu betrachten sind. Vergl. auch Thömes p. 38—43. Bosone verteidigt die Echtheit aller vier Bücher, nur habe Thomas selbst nicht mehr Zeit gehabt, sein ganzes gesammeltes Material zu ordnen.

eine Erklärung des Begriffes König, setzt dann auseinander, warum die monarchische Verfassung für jedes Gemeinwesen die beste sei, und ermahnt den Fürsten, sich nicht als Tyrann, sondern wirklich als König seinen Unterthanen gegenüber zu verhalten. Der zweite Teil (I, 12 ff.) handelt vom Amt des Königs und den dazu nötigen Eigenschaften. In einer vorläufigen Skizze werden hier die Pflichten des Monarchen nach den Gesichtspunkten der erstmaligen Gründung und der dauernden Regierung eines Gemeinwesens zunächst im allgemeinen aufgezählt (I, 12 15). Von ihrer Ausführung im einzelnen hat jedoch Thomas nur noch einen kleinen Teil ausgearbeitet (II, 1—4); was in unseren Ausgaben darauf noch folgt, sind Ergänzungen von anderer Hand, die teilweise sehr früh hinzugekommen sein mögen, deren Verfasser aber doch den Plan des Thomas so wenig verstanden haben, dass sie die im ersten Buche klar vorgezeichnete Disposition des zweiten Teiles sofort aus den Augen verlieren. Deshalb muss das verhältnismässig reichhaltige Material wirtschaftlicher Erörterungen, das der Schluss des zweiten Buches bietet, für uns ausser Betracht bleiben. — Aus dem echten Teile der Schrift kommen für uns vor allem zwei Gruppen von Gedanken in Betracht, einmal die Ausführungen des ersten Kapitels über den geselligen Trieb im Menschen und seine Begründung, andererseits die leider meist nur noch in der kurzen Skizze enthaltenen Andeutungen über die Gründung einer vollkommenen Stadt, bei denen Thomas auch die wirtschaftlichen Forderungen an das städtische Leben stark betont. Beide Gedankenreihen zeigen uns vor allem die allgemeinen Voraussetzungen und die grundlegenden Prinzipien, nach denen er die einzelnen Erscheinungen des Wirtschaftslebens beurteilt hat.

Eine andere Schrift ethisch-politischen Inhalts,[1]) die sich unter dem Titel „Ueber die Erziehung der Fürsten" bei seinen Werken befindet, ist schon seit alters als unecht erkannt worden. Auch würden wir sie, wenn sie echt wäre, nicht

[1]) De eruditione principum (Ed. Rom. ohne Zahl, nach opusc. 40. Ed. Parm. tom. 16, S. 390—476). Nach Rubeis (diss. 22, c. 4) hat diese Schrift vielmehr den Ordens- und Zeitgenossen des Thomas Guilelmus Peraldus zum Verfasser. Jedenfalls ist sie nach Stil und Inhalt durchaus unthomistisch.

weiter zu benutzen brauchen, da sie wirtschaftliche Gedanken kaum enthält.

So ergiebt sich, dass wir auch für die wirtschaftlichen Ansichten unseres Schriftstellers im wesentlichen auf seine eigentlich theologischen Werke angewiesen sind; diese bieten dafür aber auch eine reiche Ausbeute dar. In erster Linie ist hier natürlich sein theologisches Hauptwerk, die Summa theologica, zu nennen. Dies Werk[1]) hat Thomas geschrieben, um dem theologischen Anfänger eine übersichtliche, nur das Wesentliche heraushebende Zusammenfassung der ganzen systematischen Theologie zu geben.[2]) Es besteht aus drei Teilen, die von Gott, vom Menschen und von Christus und der Heilsvermittelung handeln; die beiden ersten sind in den Jahren 1265—1271 geschrieben, der letzte, mit dessen Ausführungen Thomas von da bis zu seinem plötzlichen Tode im Jahre 1274 beschäftigt war, ist unvollendet geblieben und später aus seinen anderen Schriften ergänzt worden.[3]) Glücklicherweise ist fast alles, was uns hier angeht, in den Teilen enthalten, an die Thomas selbst noch die letzte Hand hat anlegen können. Vor allem kommt hier der zweite Teil, die Ethik, in Betracht, die ihrerseits wieder in zwei Abteilungen zerfällt (als prima secundae und secunda secundae citiert), von denen die erste nach unserer Ausdrucksweise im wesentlichen die ethische Prinzipienlehre, die zweite die angewandte Ethik umfasst.

Von dieser letzteren[4]) sind es nun vor allem die Ausführungen über die Gerechtigkeit, bei denen Thomas reichlichen

[1]) Hier benutzt in der Ausgabe: St. Thomae Aquinatis Summa Theologica diligenter emendata, Nicolai, Sylvii, Billuart et C. Drioux notis ornata. 8 Bände. Ed. undecima Barri-Ducis et Parisiis 1879. — Ed. Parm. tom. 1—4. — In der neuen römischen Ausgabe bis jetzt tom. 4—8 (1888—1895): I. q. 1 — II, 2. q. 56.

[2]) Siehe Prologus: Quia catholicae veritatis doctor non solum provectos debet instruere, sed ad eum etiam pertinet incipientes erudire, . . . propositum nostrae intentionis in hoc opere est, ea quae ad christianam religionem pertinent eo modo tradere, secundum quod congruit ad eruditionem incipientium.

[3]) Nach Rubeis (diss. 13).

[4]) Die secunda secundae nimmt in der Anm. 1 genannten Ausgabe den vierten und fünften Band ein.

Anlass zu Erörterungen wirtschaftlichen Inhalts findet. Schon bei den Ausführungen über den Begriff und die Teile des Rechts wird eine rechtsphilosophische Begründung des Eigentums und der Sklaverei gegeben;[1]) bei der Einteilung der Gerechtigkeit werden die allgemeinen Normen des Verkehrs und die Pflicht der 'restitutio' besprochen;[2]) die Erörterungen über Diebstahl und Raub werden auf eine prinzipielle Rechtfertigung des Privateigentums gegründet;[3]) die Ungerechtigkeiten, die beim Kauf und Verkauf vorkommen können, in Sonderheit der Wucher, werden eingehend erörtert;[4]) unter den äusseren Handlungen der Gerechtigkeit werden auch die Oblationen, Erstlinge und Zehnten nicht vergessen; bei dieser Gelegenheit wird eine prinzipielle Begründung des Rechtes der Kirche versucht, von den Gläubigen Abgaben zu erheben.[5]) Auch die sich an die aristotelische Ethik anschliessenden Betrachtungen über Freigebigkeit, Habsucht und Verschwendung bieten manche für uns interessante Einzelheiten.[6]) — Neben dem Traktat über die Gerechtigkeit kommen aus der zweiten Abteilung der Ethik noch zwei Gedankenreihen in Betracht: die Erörterungen über das Almosen und die über

[1]) Quaestio 57: De iure, vor allem art 2: Utrum ius convenienter dividatur in ius naturale et ius positivum? — art 3: Utrum ius gentium sit idem cum iure naturali?

[2]) Quaestio 61: de partibus iustitiae. art 1: utrum convenienter ponantur duae species iustitiae, scil. commutativa et distributiva? — art 2: utrum medium eodem modo accipiatur in iustitia distributiva et commutativa? — art 3: utrum materia utriusque iustitiae sit diversa? — art 4: utrum iustum sit simpliciter idem, quod contrapassum? — Quaestio 62: de restitutione. art 1: utrum restitutio sit actus iustitiae commutativae? — art 2: utrum sit necessarium ad salutem, quod fiat restitutio eius, quod ablatum est? — Die anderen 6 Artikel enthalten nur juristisches Detail.

[3]) Quaestio 66: de peccatis iustitiae oppositis, quae fiunt in rebus, et primo de furto et rapina. Von den 9 Artikeln kommen für uns vor allem in Betracht: art 1: utrum naturalis sit homini possessio exteriorum rerum? — art 2: utrum liceat alicui rem aliquam quasi propriam possidere? — art 5: utrum furtum semper sit peccatum? — art 7: utrum liceat alicui furari propter necessitatem? — art 8: utrum rapina possit fieri sine peccato?

[4]) Quaestio 77: De fraudulentia, quae committitur in emtionibus et venditionibus, mit 4 Artikeln. — Quaestio 78: De peccato usurae, quod committitur in mutuis, ebenfalls mit 4 Artikeln.

[5]) Quaestio 86: De oblationibus et primitiis. — Quaestio 87: De decimis.

[6]) Queastio 117: De liberalitate. — Quaestio 118: De vitiis liberalitati oppositis, et primo de avaritia. — Quaestio 119: De prodigalitate.

Kleriker, Mönche und das Armutsideal der Kirche. Soviel rein juristischen Stoff jene auch enthalten, so bieten sie doch auch für die Lehre vom Eigentum wichtige Fingerzeige dar;[1]) und diese lassen uns an vielen Stellen des Verfassers Gedanken über die eigene Wirtschaft der Kirche und der einzelnen Mönchsorden erkennen.[2]) — Aus den anderen Teilen der Summa werden wir auch gelegentlich einige Ausführungen heranzuziehen haben, so über das Leben der Menschen im Stande der Unschuld, über Naturgesetz und positives Recht[3]) u. a. m.

Die einzelnen Teile der Summa sind in Quaestiones eingeteilt, von denen jede mehrere Artikel umfasst. Die Ueberschrift jedes Artikels besteht aus einer Frage, auf die der Text dann in zweifacher Weise Antwort giebt. Zunächst werden einige Autoritäten angeführt, nach denen die Frage in dem von Thomas nachher abgelehnten Sinne beantwortet werden zu müssen scheint (videtur, quod non . . .): es sind die sogenannten Einwürfe (obiecta). Ihnen wird regelmässig ein Ausspruch entgegengestellt, der schon durch seine Autorität allein das Gegenteil beweisen soll (argumentum: „sed contra"), das Thomas dann im zweiten Teile des Artikels, dem Hauptstück oder corpus articuli (daher mit c bezeichnet), vernunftgemäss zu begründen sucht. Dieser zweite Teil beginnt stets mit den Worten: respondeo dicendum, quod . . .; an ihn schliessen sich dann die Antworten auf die Einwürfe an (ad 1, ad 2 u. s. w.), die fast regelmässig die entgegenstehende Autorität anders zu

---

[1]) Quaestio 32: De eleemosyna, mit 10 Artikeln, von denen für uns besonders in Betracht kommen: art 5: Utrum dare eleemosynas sit in praecepto? — art 6: Utrum corporalis eleemosyna sit danda de necessariis? — art 7: Utrum sit danda de iniuste acquisitis? — art 8: Quorum sit dare eleemosynam? — art 9: Quibus sit danda?

[2]) Quaestio 183: de officiis et variis statibus hominum in generali, vor allem art 1: utrum status in sui ratione importet conditionem libertatis vel servitutis? — Quaestio 186: de his, in quibus religionis status proprie consistit. art 3: Armutsideal. — Quaestio 187: de his, quae competunt religiosis. art 3: utrum religiosi manibus operari teneantur? — art 4: utrum religiosis liceat de eleemosynis vivere? — art 5: utrum religiosis liceat mendicare? — Quaestio 188: de differentia religionum; bes. art 7: utrum habere aliquid in communi diminuat perfectionem religionis?

[3]) I q. 96 art 4: utrum homo in statu innocentiae homini dominabatur? — II, 1. q. 95 art 2: utrum omnis lex humanitus posita a lege naturali deriveretur? — art 4: utrum Isidorus convenienter ponat divisionem humanarum legum?

erklären suchen, als sie im Einwurf verstanden worden war. Ausdrücklich als ungültig werden sie wohl nie bezeichnet; höchstens dass einmal alttestamentlichen oder civilrechtlichen Bestimmungen die allgemein verpflichtende Bedeutung abgesprochen wird. Diese ganze Methode der Untersuchung, die übrigens nicht erst von Thomas erfunden worden ist, muss man kennen, um die übliche Art des Citierens zu verstehen, und um nicht etwa dem Schriftsteller Gedanken unterzuschieben, die er nur als Einwürfe seiner eigenen Anschauung gegenüberstellt, oder die er doch nur als lästige Autoritäten hinweg zu interpretieren bestrebt ist.

Neben der Summa theologica ist als ein Hauptwerk unseres Theologen noch seine Schrift „Ueber die Wahrheit des katholischen Glaubens" zu nennen,[1]) in der er in meisterhaft knapper Form die Hauptlehren des damaligen Christentums vor allem gegen die arabische und jüdische Philosophie zu verteidigen sucht. Für uns kommen aus diesem Werke im wesentlichen nur einige Kapitel des dritten Buches in Betracht,[2]) in denen er das Armutsideal des Mönchtums rechtfertigt und dabei auch die Erwerbsweise der einzelnen Orden einer eingehenden Besprechung unterzieht.

Mehr Ausbeute gewährt uns wieder eine Reihe einzelner theologischer Untersuchungen,[3]) die nach derselben Methode gearbeitet sind, wie die theologische Summa, aber aus verschiedenen Jahren stammen und erst nach dem Tode ihres Verfassers unter dem Namen „Quaestiones disputatae" gesammelt worden sind. In den Ausgaben werden ihnen als Anhang die „Quaestionen vermischten Inhalts" beigegeben, die wohl ebenfalls zu verschiedenen Zeiten entstanden sind. Für uns kommt hauptsächlich aus dem zweiten Teile des ersteren Werkes, den

[1]) De veritate Catholicae fidei, meist, und so auch im folgenden, citiert als *Summa contra Gentiles*, gelegentlich auch Summa philosophica genannt. — Ed. Parm. tom. 5. — Rubeis diss. 12.

[2]) Contr. gent. III, 130—135. Besonders c. 132: Rationes impugnantium particulares modos vivendi in paupertate und deren Widerlegung c. 135.

[3]) Quaestiones disputatae cum quaestionibus quodlibetalibus. Ed. Parm. tom. 8—9. — Siehe über Abfassungszeit der einzelnen Teile die Untersuchungen bei Rubeis (diss. 11).

quaestiones de malo, die grosse Erörterung über den Wucher in Betracht,[1]) die umfangreichste, die Thomas überhaupt dieser so oft von ihm besprochenen Erscheinung gewidmet hat, in der er nicht weniger als zwanzig Einwürfe gegen seine eigene Anschauung anführt. Von den „Untersuchungen vermischten Inhalts" sind dann noch eine ganze Reihe einzelner Erörterungen zu nennen, die von Einzelheiten des Verkehrslebens,[2]) von Zehnten[3]) und Almosen,[4]) von der Erwerbsthätigkeit der Mönche[5]) u. a. m. handeln. Alle diese Erörterungen, die neben vielem, was auch die Summa enthält, doch auch manches interessante Neue bringen, sind in keiner der bisherigen Bearbeitungen herangezogen worden; selbst Thömes hat sie nicht weiter beachtet.

Dasselbe gilt auch von Thomas' Kommentar zu den berühmten „Sentenzen" des Petrus Lombardus, der ersten grösseren Schrift, die er veröffentlicht hat,[6]) von der für uns aber im wesentlichen nur zwei grössere Abschnitte in Betracht kommen: die Erörterung über den Wucher im dritten[7]) und die über das Almosen im vierten Buche,[8]) die übrigens kaum einen Gedanken enthalten, der nicht auch in der Summa wiederkehrte.

Unter den kleineren Schriften unseres Theologen, soweit sie nicht schon oben behandelt worden sind, haben wir vor

[1]) Quaest. disp. de malo, q. 13 art 4: Utrum mutuare ad usuram sit peccatum mortale?

[2]) Quaest. quodl. II art 10: Utrum venditor teneatur dicere vitium rei venditae emtori? — III art 19: Utrum quis reddere teneatur, quod ex usura lucratus est?

[3]) II art 8: Utrum propter consuetudinem aliqui deobligentur a iure reddendi decimas? — VI art 10: Utrum pauper teneatur decimas solvere diviti sacerdoti?

[4]) VII art 12: Utrum clerici peccent mortaliter, si ea, quae eis superfluunt, in eleemosynas non largiantur? — VIII art 12: Utrum ille, qui non dat pauperi petenti, si habeat de superfluo, peccet?

[5]) VII art 17: Utrum operari manibus sit in praecepto? — art 18: Utrum illi, qui spiritualibus operibus vacent, excusentur a labore manuum? — XII art 29: Utrum liceat praedicatoribus recipere eleemosynas ab usurariis?

[6]) Commentum in IV libros Sententiarum Petri Lombardi. — Ed. Parm. tom. 6—7 (3 Bände). Ueber Abfassungszeit u. s. w. siehe Rubeis (diss. 10, c. 1—2).

[7]) Sent. III dist. 37 art 6: Utrum usuras accipere sit peccatum?

[8]) Sent. IV dist. 15 q. 2 art 4: Utrum de necessario sit danda eleemosyna mit drei Unterfragen.

allem noch die drei Schriften zu nennen, die er gegen die Feinde der Bettelmönche an der Pariser Universität seit der Mitte der fünfziger Jahre geschrieben hat,[1]) und die sich durch den warmen, ja leidenschaftlichen Ton ihrer Polemik sehr von den bisher besprochenen, mit wissenschaftlicher Kühle geschriebenen Werken unterscheiden. Für uns ist besonders die erste und ausführlichste dieser Schriften von Interesse, weil hier in sehr eingehender Darstellung die Einwendungen der Gegner gegen die gänzliche Besitzlosigkeit und den Bettel jener Mönche widerlegt werden,[2]) wobei die Erwerbsarten der anderen Orden ebenfalls ausführlich besprochen werden; auf Aehnliches kommt die dritte Schrift zurück, wenn sie die Vollkommenheit der Mönche, die von gemeinsamen Besitzungen leben, gegen die, die keine solchen haben, herabzusetzen bemüht ist.[3])

Unter den übrigen kleineren Schriften gehört hierher nur noch die Auslegung des Dekalogs, in der Thomas, der kirchlichen Sitte folgend, beim siebenten Gebot neben anderen Eigentumsvergehen auch auf den Wucher zu sprechen kommt.[4])

Was sonst noch aus diesen und anderen Schriften hier zu nennen wäre, sind Einzelheiten, meist gelegentliche Exemplifikationen auf wirtschaftliche Dinge, die füglich an ihrem Orte angeführt werden können, in der allgemeinen Uebersicht aber eine besondere Stelle nicht beanspruchen dürfen. Dasselbe gilt von den hierher gehörigen Stellen aus den vielen Kommentaren, die Thomas zu biblischen und philosophischen Büchern geschrieben hat. Nur auf seine Auslegungen der aristotelischen „Ethik“ und vor allem der „Politik“ müssen wir noch mit ein paar Worten eingehen.

[1]) 1. Contra impugnantes dei cultum atque religionem (Ed. Rom. opusc. 19). — 2. De perfectione vitae spiritualis (Ed. Rom. opusc. 18). — 3. Contra pestiferam doctrinam retrahentium homines a religionis ingressu (Ed. Rom. opusc. 17). — Ed. Parm. tom. 15, S. 1—150. Rubeis, diss. 20. Die prägnanteste Darstellung des Streites mit der Pariser Universität siehe Real-Enc. für prot. Theol. und Kirche. Band 17. Art. Wilhelm v. St. Amour. Dort auch die weitere Litteratur.

[2]) Contra impugnantes etc. c. 5—7.

[3]) Contra pestiferam doctrinam etc. c. 14—16.

[4]) In duo praecepta caritatis et in decem praecepta legis expositio (Ed. Rom. opusc. 4). — Ed. Parm. tom. 16. p. 97—114.

Der Kommentar zur „Ethik“,[1]) nach Angabe des ältesten Biographen eine Jugendarbeit unseres Theologen, die im wesentlichen nur die Vorträge des Albertus Magnus wiedergiebt,[2]) wird deshalb nur mit Vorsicht zu benutzen sein, ist aber auch inhaltlich viel weniger wichtig als der zur „Politik“,[3]) der freilich, ähnlich wie die Schrift „Ueber die Regierung der Fürsten“, nur zum kleineren Teile von Thomas selbst stammt, vielmehr erst nach seinem Tode von anderer Hand ergänzt worden ist.[4]) Immerhin gehören wenigstens die hauptsächlich für uns in Betracht kommenden Erklärungen des ersten und der ersten Kapitel des zweiten Buches noch dem echten Teile (I, 1 — III, 6) an.

Bezüglich dieser Erklärungen des Kommentars nun ist mehrfach die Frage aufgeworfen worden, ob man sie überhaupt als Belege für die eigenen Anschauungen des Thomas heranziehen dürfe, oder ob er hier nicht vielmehr nur als objektiver Interpret aristotelischer Gedanken zu betrachten sei. Vom Standpunkt dieser letzteren Auffassung aus sah man gerade darin einen seiner wesentlichen Vorzüge vor seinen Vorgängern, dass er „ohne eigne Gedanken herauszulesen, ohne fremde Anschauungen hereinzutragen“, lediglich, „wie ein Philologe unserer Tage“, echt aristotelische Gedanken wiedergegeben habe.[5]) Dagegen hat man zur Unterstützung der ersteren Ansicht besonders geltend gemacht, dass eine derartige Erklärung gar nicht im Sinne des Mittelalters gewesen sein würde; man habe hier den Aristoteles überhaupt nur erklärt, weil man ihn im grossen und ganzen für richtig gehalten habe. Darum sei man berechtigt, alle Stellen, wo Thomas nicht ausdrücklich seine abweichende Anschauung markiere, als genuine Darlegung seiner

---

[1]) In decem libros Ethicorum ad Nicomachum. — Ed. Parm. tom. 21, S. 1—363.

[2]) Rubeis, diss. 23, c. 3. Vergl. auch Werner (siehe S. 4 Anm. 1) I, S. 409.

[3]) In VIII libros Politicorum seu de rebus civilibus. — Ed. Parm. tom. 21, S. 364—716.

[4]) Das Richtige darüber siehe bei Thömes S. 31 f.

[5]) So ein Aufsatz in der Zeitschrift „Der Katholik“ Jahrgang 1864 Band 1 („Aristoteles und sein Commentator Thomas von Aquin“), besonders S. 143 ff., und Thömes S. 28 ff. (. . . . „rationem instituit, qualem nostra quidem aetate homines philologici accipiunt“).

eignen Lehre zu verstehen.[1]) So hat denn auch z. B. Baumann kein Bedenken getragen, für seine Darstellung den Kommentar genau in derselben Weise wie jede andere Schrift auszuschreiben.[2])

Nun kann es ja natürlich keine Frage sein, dass eine philologisch-historische Interpretation, wie wir sie heute anstreben, dem Mittelalter gänzlich fern gelegen hat; aber deshalb ist man noch nicht berechtigt, von vornherein allem, was Thomas im Kommentar sagt, denselben Wert zuzusprechen, wie den Ausführungen seiner selbständigen Schriften. Man muss vielmehr wenigstens die Möglichkeit offen halten, dass er im Kommentar gelegentlich auch Dinge nachgesprochen habe, die er in einer selbständigen Schrift nicht, oder wenigstens nicht in dieser Weise, ausgeführt haben würde; vor allem aber können wir bei alledem, was er ohne erklärenden Zusatz wörtlich nachspricht, nicht erkennen, wie er es verstanden hat, oder ob er sich überhaupt etwas dabei gedacht habe. Als Ausdruck seiner eigenen Gedanken dürfen wir daher überhaupt nur alle die Stellen heranziehen, an denen er uns durch irgend einen, wenn auch noch so kleinen Zusatz erkennen lässt, was er sich bei den Worten gedacht hat, welche Vorstellungen ihm bei der Lektüre des griechischen Philosophen vorgeschwebt haben. Können wir das aber irgendwo einmal erkennen — und an den meisten Stellen wird er es uns doch wohl durch irgend einen Zusatz zum Text seiner Vorlage erkennen lassen — so haben wir gerade darin das wichtigste Hilfsmittel, um sein Verhältnis zu seinen Quellen zu studieren. Wenn es, wie wir gesehen haben,[3]) eine unsrer ersten Aufgaben ist, festzustellen, ob seine Gesamtauffassung des wirtschaftlichen Lebens antiken oder mittelalterlichen Charakter trägt, so wird nichts so sehr im stande sein, uns eine zureichende Antwort auf diese Frage zu geben, als die Art und Weise, wie

[1]) So Baumann (siehe oben S. 6 Anm. 1) S. 103—107; Schütz: „Die Lehre des heiligen Thomas von Aquino in seinen Kommentaren zu Aristoteles." („Der Katholik", Jahrgang 1877 Band 2, S. 588–610); Walter (s. oben S. 7 Anm. 2) S. 25 Anm. 2.

[2]) Ergänzungen 2, S. 109–166; übrigens meist aus dem unechten Teil der Politik genommen.

[3]) Siehe oben Seite 11.

er den Aristoteles erklärt, die Deutung, die er den von diesem eingeführten Begriffen giebt, die Beispiele, durch die er dessen Ausführungen illustriert, kurz, alles das, was er zur Erläuterung seiner Vorlage an Eigenem hinzubringt. Darum werden wir den Kommentar weder in der Weise benutzen können, dass wir allem, was er enthält, den Wert von selbständigen Meinungsäusserungen unseres Theologen beilegen; noch werden wir ihn, als lediglich objektiv gehalten, ganz beiseite liegen lassen dürfen: vielmehr werden wir alle die Stellen, wo er überhaupt erkennen lässt, welche Vorstellungen sein Verfasser mit den Worten seiner Vorlage verbunden hat, eingehend daraufhin zu prüfen haben, wie diese Vorstellungen sich zu den Anschauungen verhalten, die den aristotelischen Ausführungen über wirtschaftliche Dinge zu Grunde liegen. In diesem Sinne wird gerade die Benutzung des Kommentars, als des wichtigsten Hilfsmittels unserer Untersuchung, einen breiten Raum in der folgenden Darstellung beanspruchen dürfen.

Der vorstehende Ueberblick hat uns gezeigt, in welchem Umfang sich wirtschaftliche Gedanken überhaupt bei Thomas finden, und worauf sie sich etwa beziehen. Wir sehen dadurch bestätigt, was wir ja von vornherein nicht anders erwarten durften, dass hier nicht ein geschlossenes System der Wirtschaftslehre vorliegt, nach Art etwa der Nationalökonomie des letzten Jahrhunderts. Vielmehr fehlt hier noch ganz der Begriff des Wirtschaftslebens als einer relativ selbständigen, eigenen Gesetzen folgenden Seite des Volkslebens überhaupt. Was an wirtschaftlichen Erörterungen vorhanden ist, das bezieht sich meist auf einzelne Erscheinungen oder Einrichtungen, deren Besprechung aber nicht um ihrer selbst willen unternommen wird, sondern durch den Zusammenhang der ethischen und politischen Untersuchungen oder durch die Bedürfnisse der kirchlichen Praxis nahegelegt ist. Daraus ergiebt sich für uns, dass auch wir da nicht systematisieren dürfen, wo nicht Thomas selbst einen derartigen Zusammenhang der Gedanken andeutet. Damit ist aber noch nicht entschieden, ob nicht vielleicht den verschiedenen, untereinander äusserlich nicht zusammenhängenden Urteilen schliesslich doch eine einheitliche Gesamtanschauung unbewusst zu Grunde liegt; nur ohne weiteres voraussetzen dürfen wir sie nicht, dürfen sie daher auch nicht als Grundlage der folgenden Darstellung nehmen.

Vielmehr werden wir auch zum Zwecke der Darstellung das Material nur so nehmen können, wie es thatsächlich vorliegt, als eine Anzahl einzelner Erörterungen, die sich untereinander wohl zu grösseren Gruppen zusammenfassen lassen, wobei dann aber zwischen den einzelnen Gruppen ein systematischer Zusammenhang nicht besteht, noch weniger aber etwa der ganze Umfang des Wirtschaftslebens in ihnen zum Ausdruck kommt; vielmehr hat uns schon der kurze Ueberblick über das vorhandene Material gezeigt, dass z. B. von den Erscheinungen, die die moderne Wissenschaft unter dem Titel: „Lehre von der Produktion" behandelt, so gut wie keine besprochen wird, dass auch die „Güterverteilung" und die „Konsumtion" fast gar nicht zur Sprache kommen. Dagegen nimmt die Besprechung der Einzelheiten des „Verkehrs" einen, der heutigen Systematik zufolge, unverhältnismässig grossen Raum ein. Daneben treten dann noch, als eben so wichtig, die Gedanken besonders hervor, die sich auf die Erwerbsthätigkeit der Kirche und Klöster einerseits und die der Fürsten andererseits beziehen, und die wir mit einem der heutigen Systematik geläufigen Ausdruck wohl Erörterungen über die „Finanzwirtschaft des Fürsten, der Kirche und der Klöster" nennen dürfen. Ausser diesen beiden Hauptmassen wirtschaftlicher Erörterungen haben wir dann noch eine Reihe von Ausführungen gefunden, die sich auf den Aufbau der Gesellschaft überhaupt und auf einzelne grundlegende Institutionen des Wirtschaftslebens beziehen. Die nähere Besprechung der hierher gehörigen Gedanken muss aber notwendigerweise der jener beiden anderen Gedankenkreise vorausgehen, weil das Urteil über die Einzelheiten des Wirtschaftslebens naturgemäss immer wieder auf die hier klarzulegenden Grundanschauungen zurückweisen wird.

So werden wir also die Wirtschaftslehre des Thomas in drei Hauptteilen zu besprechen haben, von denen der erste die allgemeinen Grundlagen des Wirtschaftslebens, der zweite die Erscheinungen des Verkehrs und seine Normen, der dritte die Finanzwirtschaft des Fürsten, der Kirche und der Klöster behandeln wird. Auf Grund der Ergebnisse dieser drei Teile wird dann in einem vierten eine zusammenfassende geschichtliche Würdigung der ganzen Wirtschaftslehre unseres Theologen angestrebt werden. Hier wird einerseits zu untersuchen sein, wie diese Wirtschaftslehre sich zu ihren Vorgängern und Nachfolgern auf kirchlichem Gebiet verhält; andererseits wird hier auch der Ort sein, die Frage zu stellen, welche Bedeutung in dem Ganzen seines philosophisch-theologischen Systems die wirtschaftlichen Erörterungen einnehmen, und wie sie sich zu der praktischen Stellung verhalten, die Thomas als mittelalterlicher Christ und als Schüler der aristotelischen Ethik zu wirtschaftlichen Gütern und wirtschaftlichem Handeln eingenommen hat.

ERSTER TEIL.

Allgemeine Grundlage des Wirtschaftslebens.

Zweites Kapitel.

Die Organisation des Wirtschaftslebens im allgemeinen.

§ 1. Die Berufsteilung als Grundlage der Gesellschaft.

„Der Mensch ist von Natur ein geselliges Wesen". Das ist der Satz, den Thomas der einzigen Schrift, die wir über politische Dinge von ihm haben, zu Grunde legt,[1]) und auf den er auch sonst oft zurückgekommen ist. Das gesellige Leben ist etwas, was nicht erst durch eine willkürliche, d. h. zufällige Abmachung in die Welt gekommen ist; sondern es beruht auf einer natürlichen, im Wesen des Menschen begründeten Anlage, in der gerade sein Unterschied vom Tier sich ausspricht, oder, nach der Auffassung des scholastischen Theologen: es ist die Form, in der die Menschen auch im Stande der Unschuld ihr Leben hingebracht haben würden.[2])

Es ist nun keine Frage, und am wenigsten ist es von Thomas selbst geleugnet worden, dass er diese Auffassung von niemand anders als von Aristoteles gelernt hat. Damit aber

[1]) De reg. princ. I, 1. p. 225 b: Naturale autem est homini, ut sit animal sociale et politicum, in multitudine vivens, magis etiam quam omnia alia animalia .... magis igitur homo est communicativus alteri, quam quodcumque aliud animal, quod gregalè videtur, ut grus, formica et apis.

[2]) S. th. I q. 96 art 4 c: Homo naturaliter est animal sociale, unde homines in statu innocentiae socialiter vixissent.

ist noch nicht gesagt, dass er auch den Sinn und Zusammenhang richtig erfasst habe, den jener Gedanke bei diesem Philosophen gehabt hat; vielmehr zeigt die nähere Untersuchung, dass das durchaus nicht der Fall gewesen ist. Was zunächst den Sinn des Satzes „Der Mensch ist von Natur ein politisches Wesen" bei Aristoteles betrifft, so liegt für diesen — wenigstens an der Stelle, die Thomas allein im Auge gehabt zu haben scheint[1]) — der ganze Nachdruck darauf, dass bei dem Worte „politisch" wirklich an das Leben im Staate gedacht werde; er will ja gerade beweisen, dass die staatliche Gemeinschaft ebenso natürlich ist wie Familie und Sippe, ja, dass sie die natürlichste unter allen menschlichen Gemeinschaften ist, weil sie, als die höchstmögliche Form gesellschaftlichen Lebens, alle niederen in sich zusammenfasst. Erst aus dieser, auf die objektive Natur der Gemeinschaftsformen gegründeten Betrachtung wird dann, mehr nur nebenbei, die subjektiv-psychologische Folgerung gezogen, dass der Mensch die Anlage zum staatlichen Leben von Natur in sich trage. — Diese besondere Beziehung auf das staatliche Leben tritt nun aber bei Thomas gänzlich zurück. Er will vielmehr nur die Thatsache des geselligen Lebens überhaupt aussprechen, will nur feststellen, dass überhaupt im Menschen von Natur ein geselliger Trieb herrscht, ohne zunächst die einzelnen Formen gemeinschaftlichen Lebens zu berücksichtigen, in denen er sich auslebt. Darum ist bei ihm jener Satz nun nicht mehr eine Folgerung aus einer objektiven Abschätzung der einzelnen Gemeinschaftsformen, sondern er ist die erste Voraussetzung der Erörterung, die als solche zunächst erwiesen werden muss.

Dem entspricht nun die veränderte Formulierung des Satzes bei Thomas, wenn er in der Einleitung der Schrift „Ueber die Regierung der Fürsten" sagt: „Es ist für den Menschen natürlich, ein geselliges und politisches Wesen zu sein, das in Gemeinschaft mit anderen lebt, mehr noch als für jedes andere lebende Wesen"; zwar hat er hier das Wort „politisch" von Aristoteles

---

[1]) Pol. I, 1,9. 1253^a 1—3. Den ähnlichen Satz Eth. Nic. IX, 9. 1169^b 3 f. citiert Thomas meines Wissens nirgends, im Kommentar giebt er ihn ohne weitere Ausführung wörtlich wieder: Com. in Eth. IX lect. 10 pag. 318^a. — Ebenso Eth. I, 5. 1097^b 11.

übernommen, aber ohne ihm eine weitere Folge zu geben; vielmehr legt er allen Nachdruck nur darauf, dass der Mensch überhaupt gesellig lebt, mehr noch als alle Tiere. Auch Aristoteles hat ja gelegentlich das staatliche Leben der Menschen mit dem Gemeinschaftsleben einiger Tierarten verglichen,[1]) aber lediglich, um zu zeigen, dass ein staatliches Leben eben nur der Mensch führen könne; der Satz, dass der gesellige Trieb bei diesem überhaupt von Natur stärker sei, als bei allen Tieren, auch bei Bienen und Ameisen, hat bei ihm meines Wissens keine Parallele.

So ist es nur natürlich, dass auch der Beweis dieses allgemeinen Satzes bei Thomas[2]) sich weit von dem des Aristoteles, ja von dessen Gesellschaftslehre überhaupt entfernt. Die unbedingte Natürlichkeit des geselligen Lebens für den Menschen sieht jener nämlich darin begründet, dass es schlechterdings notwendig ist; und diese Notwendigkeit ist gerade in dem gegeben, was den Menschen überhaupt vom Tier unterscheidet, in der Vernunft und in der Sprache. Von der näheren

---

[1]) Pol. I, 1,10—11. 1253ª 7—18.

[2]) Die Mitte der S. 29 Anm. 1 ausgeschriebenen Stelle lautet: quod quidem naturalis necessitas declarat. Aliis enim animalibus natura praeparavit cibum, tegumenta pilorum, defensionem, ut dentes, cornua, ungues, vel saltem velocitatem ad fugam; homo autem institutus est nullo horum sibi a natura praeparato, sed loco omnium data est ei ratio, per quam sibi haec omnia officio manuum posset praeparare. Ad quae praeparanda unus homo non sufficit; nam unus homo per se sufficienter vitam transigere non posset. *Est igitur homini naturale, quod in societate multorum vivat.* — Amplius aliis animalibus insita est naturalis industria ad omnia, quae sunt eis utilia vel nociva, sicut ovis naturaliter aestimat lupum inimicum, quaedam etiam animalia ex naturali industria cognoscunt aliquas herbas medicinales et alia eorum vitae necessaria. Homo autem horum, quae sunt suae vitae necessaria, naturalem cognitionem habet solum in communi, quasi eo per rationem valente ex universalibus principiis ad cognitionem singulorum, quae necessaria sunt humanae vitae, provenire. Non est autem possibile, quod unus homo ad omnia huiusmodi per suam rationem pertingat; *est igitur necessarium homini, quod in multitudine vivat*, ut unus ab alio adiuvetur et diversi diversis inveniendis per rationem occuparentur, unus in medicina, alius in hoc, alius in alio. — Hoc etiam evidentissime declaratur per hoc, quod est proprium hominis locutione uti, per quam unus homo alteri suum conceptum totaliter potest exprimere. Alia quidem animalia exprimunt mutuo passiones suas in communi, ut canis in latratu iram, et alia animalia passiones diversis modis . . . . (s. oben S. 29 Anm. 1). Hoc ergo considerans Salomon in Ecclesiaste (4,9) dicit: „Melius est esse duos quam unum; habent enim emolumentum mutuae societatis.

Ausführung dieses Gedankens kommt für uns nur die über die Vernunft in Betracht.

Auf die Ausstattung des Menschen mit Vernunft führt nämlich Thomas den Umstand zurück, dass die Art seiner Bedarfsdeckung eine ganz andere ist als die des Tieres: dieses findet Speise, Kleidung, Waffen u. a. m., von der Natur selbst seinem Bedürfnis angepasst, in völliger Genussreife vor, während dem Menschen statt aller einzelnen Gebrauchsgüter die Vernunft gegeben ist, damit er nach ihren Anweisungen sich selbst alles das verschaffe, was zu seines Leibes und Lebens Notdurft gehört. Die Fähigkeit dazu ist ihm in der Geschicklichkeit seiner Hand verliehen, die ihm eine kunstgerechte Ausführung auch der verschiedenartigsten Anweisungen der Vernunft ermöglicht.[1]) — In dieser echt scholastischen Form stellt sich unserem Philosophen die Notwendigkeit der Arbeit zur Bedarfsdeckung dar: dass der Mensch arbeiten muss, wenn er leben will, darin besteht wirtschaftlich sein wesentlichster Unterschied vom Tier. Der Satz: „Wer nicht arbeitet, soll auch nicht essen", besteht daher für die menschliche Gattung nicht nur nach göttlichem, sondern auch nach natürlichem Recht.[2])

Darin liegt nun für Thomas auch der Grund, dass das gesellige Leben für den Menschen unbedingt notwendig ist; denn die Arbeit eines Menschen reicht nicht aus, um alles zu beschaffen, was er braucht; einer allein könnte sein Leben nicht in völliger Genüge hinbringen.[3]) Thomas führt das näher aus, indem er einen neuen Unterschied von Mensch und Tier aufweist, der wieder in der Vernunftbegabung des Menschen seinen Grund hat. Dem Tier ist nämlich nach ihm ein

---

[1]) Ausser der S. 31 Anm. 2 wiedergegebenen Stelle, die auch dem Folgenden fortlaufend zu Grunde liegt, vergl. noch quaest. quodl. VII art 17 c, wo für die Darstellung der Geschicklichkeit der menschlichen Hand auf Aristoteles de animalibus c. 17 verwiesen wird, und Contra impugnantes etc. c. 5, p. 26, wo ausserdem noch Avicenna citiert wird (. . . . nec aliquem cibum sibi natura praeparavit excepto lacte, ut Avicenna dicit).

[2]) Näheres darüber s. unten Kap. III, § 1.

[3]) Vergl. ausser den genannten Stellen z. B. Contr. gent. III c. 128 . . . . Homo autem naturaliter animal sociale est; indiget enim multis, quae per unum solum parari non possunt etc. c. 129 . . . . Est autem homini naturale, quod sit animal sociale; quod ex hoc ostenditur, quod unus homo solus non sufficit ad omnia, quae sunt humanae vitae necessaria.

natürlicher Instinkt gegeben, wodurch es Nützliches und Schädliches sofort im einzelnen erkennen kann; des Menschen intellektuelles Leben aber steht unter der Bedingung, dass er einzelne Erkenntnisse nur auf dem Wege des eigenen Vernunftschlusses aus den allgemeinen Axiomen erlangen kann, die ihm allein mit seiner Vernunft von Natur gegeben sind. Nun ist es aber, sagt Thomas, unmöglich, dass ein Mensch auf allen Gebieten des Lebens diese Vernunftschlüsse vom Allgemeinen auf das Einzelne wirklich ausführen könnte. So ist er darauf angewiesen, in Gemeinschaft mit anderen zu leben, damit nunmehr jeder auf einem bestimmten Gebiete des Lebens sich bethätige und seine dort gewonnene Erkenntnis dem andern mitteile, während er auf den anderen Gebieten von ihnen denselben Dienst erwartet. — Also nur dann können die Menschen die zur Bedarfsdeckung nötige Arbeit bewältigen, wenn sie einem wohlgeordneten System gesellschaftlicher Arbeitsteilung sich eingliedern. So beruht die absolute Notwendigkeit des geselligen Lebens für den Menschen vor allen Tieren im letzten Grunde darauf, dass ihm allein die Arbeitsteilung eine ausreichende Bedarfsdeckung gewährleisten kann.

Damit ist die Arbeitsteilung auch für Thomas die grundlegende Thatsache des wirtschaftlichen Lebens geworden. Nur bedeutet bei ihm dieser Satz etwas durchaus anderes als etwa die ähnlich lautende Ausführung bei Adam Smith, wonach die Arbeitsleistung des einzelnen durch die Arbeitsteilung produktiver, weil intensiver, wird; vielmehr kommt es bei Thomas nur darauf an, dass infolge der Spezialisation alle Qualitäten nötiger Arbeit durch eine oder mehrere Personen in dem Organismus der Gesellschaft vertreten sind; d. h. er kennt von den verschiedenen Formen der Arbeitsteilung, die man heute unterscheiden muss,[1] thatsächlich nur die Berufsbildung, bezw. Berufsteilung. In diesem Sinne führt er gelegentlich aus:[2]

[1] Siehe Bücher, Entstehung der Volkswirtschaft. 2. Auflage S. 275 ff.

[2] Contr. gent. III. c. 134. Quamvis homini naturaliter insit cupiditas congregandi ea, quae sunt necessaria ad vitam, ut prima ratio proponebat, non tamen hoc modo, quod oporteat quemlibet circa hoc opus occupari. Nec enim in apibus omnes eidem vacant officio, sed quaedam colligunt mel, quaedam ex cera domus construunt,

wie bei den Bienen die einen Honig sammeln, die anderen die Wachszellen bauen, und die Königin sich gar nicht an der materiellen Arbeit beteiligt, so müssten auch bei den Menschen die einen den Acker bestellen, die anderen Häuser bauen, und ein Teil von ihnen müsste, befreit von aller weltlichen Sorge, sich geistlicher Arbeit widmen können zum Heile der übrigen. An anderer Stelle[1]) nennt er neben Handwerksmeistern die Lehrer der Wissenschaften und die Verteidiger vor Gericht, oder gelegentlich auch die Aerzte[2]) oder die Wächter und Läufer[3]) u. a. m. als derartige einzelne Berufe. Wie im einzelnen Körper, so hat auch in der menschlichen Gesellschaft jedes Glied eine besondere Aufgabe:[4]) die Natur verfährt eben nicht so, sagt er mit Aristoteles,[5]) dass sie einen zu mehreren Aufgaben bestimme; vielmehr giebt sie jedem einzelnen nur ein Amt. Oder, wie er es lieber christlich ausdrückt[6]): die göttliche Vorsehung selbst ist es, die die verschiedenen Berufe dem

reges etiam circa haec opera non occupantur. Et similiter necesse est in hominibus esse; quia enim multa necessaria sunt ad hominis vitam, ad quae unus homo per se sufficere non posset, necessarium est per diversos diversa fieri, puta ut quidam sunt agricultores, quidam aedificatores et sic de aliis; et quia vita hominum non solum indiget corporalibus, sed magis spiritualibus, necessarium est etiam, ut quidam vacent spiritualibus rebus ad meliorationem aliorum, quos oportet a cura temporalium absolutos esse. — *Haec autem distributio diversorum officiorum in diversas personas fit divina providentia*, secundum quam quidam magis inclinantur ad hoc officium quam ad alia.

[1]) Quaest. quodl. VII art 17 c am Ende.

[2]) Siehe S. 31 Anm. 2 und S. 36 Anm. 5.

[3]) S. th. II, 2. q. 187 art 3 c.

[4]) Siehe Anm. 6.

[5]) Com. in Pol. I. lect. 1, p. 368b (zu I, 1, 5. 1252b 1 f.): Natura autem sic non facit, ut unum ordinet ad diversa officia, sed unum deputat ad unum officium.

[6]) Quaest. quodl. VII art 17 c . . . . . Sicut autem homo unus habet diversa membra, quibus occupatur in diversis officiis ordinatis ad tollendum proprium defectum, quae non possunt omnia per unum membrum exerceri, sicut oculus videt totum corpus et pes totum corpus portat, ita oportet esse in his, quae ad totam speciem pertinent; non enim sufficeret unus homo ad exercenda omnia, quibus humana societas indiget; et ideo diversis officiis oportet occupari diversos (Rom. 12, 4). *Haec autem diversificatio hominum in diversis officiis contingit primo ex divina providentia*, quae ita hominum status distribuit, ut nihil unquam deesse inveniatur de necessariis ad vitam; secundo etiam ex causis naturalibus, ex quibus contingit, quod in diversis hominibus sunt diversae inclinationes ad diversa officia vel ad diversos modos vivendi. — Vergl. auch S. 33 Anm. 2 und Contra impugnantes etc. c. 5, pag. 27 . . . . . Horum autem *ministeriorum* distributio, ut scilicet

einzelnen Menschen zuweist, indem sie jedem eine bestimmte Neigung zu irgend einer Thätigkeit giebt; sie ist es, die die verschiedenen Stände geschaffen und die Zugehörigkeit zu ihnen so unter die Menschen verteilt hat, dass niemals im gesellschaftlichen Organismus eine für das Ganze notwendige Arbeit fehlen kann. Weil aber die göttliche Vorsehung selbst in dieser Weise die gesellschaftliche Arbeitsteilung regelt, darum ist nun jede Teilarbeit, die der einzelne verrichtet, sein „Beruf", seine Pflicht, sein „Amt", eine Dienstleistung, die er der Gesamtheit gegenüber hat. Von hier aus gewinnt unser Theologe die Möglichkeit zu einer sittlichen Wertung des Berufs, wie man sie vor ihm wohl kaum in der Kirche gekannt hat, und die schon nahe an die reformatorische Auffassung heranreicht, nach der jede Berufsarbeit ein „Gottesdienst" ist.

Somit ist nach Thomas die allgemeine Organisation der Gesellschaft bestimmt durch die Notwendigkeit der T e i l u n g der Arbeit, die ihr allein die genügende Vielgestaltigkeit verleihen kann. Damit hat er nun aber den Boden der aristotelischen Gesellschaftslehre völlig verlassen. Wohl ist dieser für einzelne Elemente der oben wiedergegebenen Gedankenreihe die Quelle gewesen: die Vernunft als wesentlicher Vorzug des Menschen vor dem Tier, der Instinkt der Tiere als angeborene Erkenntnis, die Hand des Menschen als das Werkzeug aller Werkzeuge, das sind Gedanken, die gerade Aristoteles in dieser Weise formuliert hat. Aber schon wenn Thomas von der natürlichen Kleidung und dem natürlichen Schutz der Tiere spricht, die sie an ihren Haaren, Zähnen, Klauen u. s. w. ohne weitere Arbeit haben, so klingt das doch anders, als wenn Aristoteles den menschlichen Leib gerade deswegen p r e i s t, weil ihm die Natur „nicht nur einerlei Schutzmittel verliehen hat, wie den Tieren, sondern unzählige, je nach Bedürfnis wechselnde", und in diesem Zusammenhange dann die Geschicklichkeit der menschlichen Hand hervorhebt.[1]) Die ganze Tiefe des Unter-

---

diversi homines diversis ministeriis occupentur, fit *principaliter ex divina providentia*, sed secundiario ex causis naturalibus, per quas magis homo inclinatur ad unum quam ad aliud.

[1]) Siehe Z e l l e r, Philosophie der Griechen. 3. Aufl. II, 2. pag 565.

schiedes aber ist darin ausgesprochen, dass Aristoteles es gerade ablehnt, die menschliche Geselligkeit nur auf die Notwendigkeit der gegenseitigen Unterstützung zu begründen. Auch der Glückselige, der alle äusseren Güter, alles zum Leben Notwendige in Hülle und Fülle besitzt, der „die nützlichen Leute" nicht braucht, die man sonst wohl Freunde nennt, auch er bedarf der Freunde, weil es gerade für ihn natürlich ist, mit anderen zusammen zu leben.[1]) Wer nach Unterstützung sucht, der ist bedürftig; das Zusammenleben mit anderen aber ist auch für den Glückseligen nötig.[2]) So erblickt Aristoteles gerade darin einen Beweis für die Natürlichkeit des geselligen Triebes im Menschen, dass er auch da wirkt, wo die Geselligkeit keinen äusseren Vorteil bringt. Für Thomas aber lag dieser Beweis ja gerade darin, dass das gesellige Leben nicht nur Vorteile bringt, sondern eine ausreichende Bedürfnisbefriedigung überhaupt erst ermöglicht. — Dem entspricht, dass Aristoteles auch den Gedanken der Arbeitsteilung und des „Berufs" nicht kennt, der bei Thomas so wichtig ist. Dass es verschiedene Kunstfertigkeiten giebt, weiss er natürlich auch; aber dass jemand sie zur Unterlage eines Erwerbs machen kann, erscheint ihm als so unnatürlich, so widersinnig, dass er es sich nur aus einem gänzlichen Verfall der Sitten, als Ausfluss einer unersättlichen Geldgier erklären kann,[3]) und dass er die Bevölkerungsklassen, die doch darauf angewiesen sind, aus ihrer Arbeit einen Erwerb zu machen, nicht als vollberechtigte Glieder der Gesellschaft anerkennen will.[4]) Für Thomas dagegen ist es selbstverständlich, dass jeder von seinem Berufe auch zu leben berechtigt ist.[5])

So ist es ihm also trotz aller Anlehnung in der Form der Darstellung nicht gelungen, sich der echt aristotelischen Gesellschaftslehre zu bemächtigen. Viel näher steht er jedenfalls der

---

[1]) Eth. Nic. IX, 9. 1169^b 16—25.

[2]) Eth. Nic. VIII, 6. 1157^b 20.

[3]) Pol. I, 3, 19 f. 1258^a 5—14.

[4]) Näheres darüber s. unten Kap. III, § 1.

[5]) Siehe oben S. 31 Anm. 2 u. S. 32 Anm. 1 und unten Kap. III, § 1; auch z. B. Contra impugnantes etc. c. 7 p. 41^b: Sed medici, dantes consilium de salute corporis, etsi nihil manibus operentur, possunt licite accipere, unde vivant. Gerade auch an den Aerzten hatte Aristoteles getadelt, dass sie Geld nähmen.

Umdeutung, die mit ihr schon die Stoiker vorgenommen hatten.[1]) In sehr eindrucksvoller Darstellung hat unter ihnen vor allem Seneca[2]) darauf hingewiesen, dass die menschliche Gemeinschaft eben dadurch zusammengehalten werde, dass alle durch gegenseitige Dienstleistungen (officia) sich unterstützen; „vereinzelt wären wir eine Beute der wilden Tiere; denn den Menschen schützt nicht eine undurchdringliche Haut, ihm fehlt die Gewalt der Krallen, die Schrecken erregende Kraft der Zähne; nackt und schwach wie er ist, schützt ihn nur die menschliche Gesellschaft. Nur durch Vernunft und geselliges Leben wird er der Herr aller Dinge, er, der allein keinem widerstehen könnte.“ Es ist möglich, dass Thomas, der die Schriften des Seneca nachweislich gekannt hat, gerade durch diese Ausführungen zu einigen der oben wiedergegebenen Gedanken angeregt worden ist,[3]) wenn auch die Möglichkeit noch anderer Quellen offen gehalten werden muss.[4])

Aber den wesentlichsten Kernpunkt seiner Anschauung, die Zurückführung des geselligen Triebes im Menschen auf die thatsächlich bestehende Berufsgliederung der Gesellschaft, die damit zu einer unbedingt notwendigen Institution des mensch-

---

[1]) Ueber die Gesellschaftslehre der Stoiker vergl. Zeller (3. Aufl.) III, 1. S. 284 f.

[2]) Seneca de beneficiis IV, 18: Nam quo alio tuti sumus, quam quod mutuis iuvamur officiis? hoc uno instructior vita contraque incursiones subitas munitior est, beneficiorum commercio. Fac nos singulos, quid sumus? praeda animalium et victimae, ac bellissimus et facillimus sanguis, quoniam *ceteris animalibus in tutelam sui satis virium est; quaecumque vaga nascebantur et actura vitam segregem, armata sunt*, hominem imbecilla cutis cingit, non unguium vis, non dentium terribilem ceteris fecit, nudum et infirmum societas munit. *Duas res deus illi dedit, quae illum ex obnoxio validissimum facerent, rationem et societatem;* itaque, qui par esse nulli posset, si seduceretur, rerum potitur. Societas illi dominium omnium animalium dedit; societas terris genitum in alienae naturae transmisit imperium et dominari etiam in mari iussit; haec morborum impetus arcuit, senectuti adminicula prospexit, solatia contra dolores dedit; haec fortes nos facit, quod licet contra fortunam advocare. Hanc societatem tolle, et unitatem generis humani, qua vita sustinetur, scindes!

[3]) Die wörtlichen Uebereinstimmungen der S. 31 Anm. 2 u. S. 32 Anm. 1 citierten Stellen weisen jedenfalls darauf hin, dass er hier einen andern Autor benutzt hat. Es ist mir aber nicht gelungen, eine Stelle zu finden, die dem Wortlaut des Thomas noch näher stände als die in der vorigen Anmerkung citierte.

[4]) So wird einmal auch der arabische Aristoteliker Avicenna zitiert († 1037), siehe oben S. 32 Anm. 1. Wieviel Thomas ihm entnommen hat, vermag ich nicht zu sagen.

lichen Gemeinschaftslebens wird, sie hat er auch von den Stoikern nicht lernen können. Vielmehr spricht sich darin doch der Einfluss der konkreten Verhältnisse seiner Zeit aus. Weil das mittelalterliche Wirtschaftsleben die Berufsteilung erzeugt hatte, weil darum die mittelalterliche Gesellschaft ohne diese Berufsteilung nicht hätte existieren können, darum erscheint sie für den mittelalterlichen Philosophen naturgemäss als die unbedingt nötige Grundlage jedes gesellschaftlichen Lebens überhaupt; darum nimmt sie in seiner Gesellschaftslehre etwa dieselbe grundlegende Stellung ein wie für Aristoteles, der sie, wie wir sahen, nur als eine durchaus unnormale Erscheinung kennt, die unbedingte Notwendigkeit der Sklaverei.[1]) Hier sehen wir also, dass trotz aller gelehrten Autoritäten, die er ausschreibt, in den letzten grundlegenden Fragen die Anschauung unseres Theologen doch bestimmt ist durch das wirkliche Leben, das ihn umgiebt. Das Folgende wird uns die Richtigkeit dieses Satzes noch nach einer andern Richtung hin erweisen.

§ 2. Die Stadt als vollkommene Wirtschaftseinheit.

Wir haben im vorigen die Begründung des Satzes, dass der Mensch von Natur ein geselliges Wesen ist, nur nach der einen Richtung hin verfolgt, in der sie uns auf die Berufsteilung als die nach Thomas unbedingt notwendige Grundlage jedes gesellschaftlichen Lebens geführt hat. Aber auch nach anderen Seiten hin lassen sich ihr interessante Beobachtungen entnehmen. Schon darin, dass sie überhaupt für die verschiedenen Formen menschlichen Zusammenlebens nur eine einzige allen gemeinsame Ursache feststellt, weicht sie erheblich von Aristoteles ab, dessen Gesellschaftsphilosophie ja gerade darin besteht, dass er für jede Art menschlicher Gemeinschaft ein besonderes Motiv aufzufinden strebt, das sich nur in ihr allein auswirkt. So legt er der Gemeinschaft von Mann und Weib den Trieb der Erhaltung der Art, der von Herr und Sklave den Trieb der Selbsterhaltung zu Grunde;[2]) so besteht

---

[1]) Siehe darüber mehr unten Kap. III, § 2.

[2]) Pol. I, 1, 4. 1252ª 26—34.

für ihn die Aufgabe des Hauses darin, die alltäglichen Bedürfnisse zu befriedigen;[1]) dagegen ist es Sache des Staates — die zwischen Familie und Staat stehende Sippe kommt für ihn nicht weiter in Betracht —, zur Befriedigung der über die Alltäglichkeit hinausgehenden, in erster Linie der sittlichen Bedürfnisse Gelegenheit zu geben.[2])

Aber nicht nur, dass Thomas diese scharfe und wohlerwogene Scheidung der den einzelnen Gemeinschaftsformen zu Grunde liegenden Motive sich nicht angeeignet hat; viel weiter noch entfernt er sich darin von Aristoteles, dass er den einen allgemein geselligen Trieb, den er allen Gemeinschaftsformen zu Grunde legt, im wesentlichen wirtschaftlichen Motiven entspringen lässt; denn darauf kommt es doch hinaus, wenn er, wie wir sahen, beständig wiederholt, dass die Menschen deshalb zusammenleben, weil einer allein seinen Lebensbedarf nicht hinreichend sich beschaffen könnte. Und nach diesem Satze, dass jede menschliche Gemeinschaft in erster Linie wirtschaftliche Zwecke habe, bemisst er ausdrücklich den Wert der verschiedenen thatsächlich bestehenden Gemeinschaftsformen.[3]) Weil nämlich der Mensch in jeder Gemeinschaft zunächst Befriedigung seiner wirtschaftlichen Bedürfnisse sucht, darum ist die die vollkommenste unter ihnen, die in sich die grösstmögliche Sicherung einer ausreichenden Bedarfsdeckung gewährleistet. Im Kommentar zur aristotelischen Politik spricht er diese Eigenschaft allein der Stadt zu;[4]) in der Schrift „Ueber die

[1]) Pol. I, 1, 6. 1252b 13–15.

[2]) Pol. I, 1, 7. 8. 1252b 15 f. 28—30.

[3]) De reg. princ. I. 1. pag. 226b: Cum autem homini competat in multitudine vivere, quia sibi non sufficit ad necessaria vitae, si solitarius manet, oportet, quod *tanto sit perfectior multitudinis societas, quanto magis per se sufficiens erit ad necessaria vitae.* Habetur siquidem aliqua sufficientia vitae in familia domus unius, quantum scil. ad naturales actus nutritionis et prolis generandae et aliorum huiusmodi; in uno autem dico, quantum ad ea, quae ad unum artificium pertinent, *in civitate vero, quae est perfecta communitas, quantum ad omnia necessaria vitae;* sed adhuc magis in provincia una propter necessitatem compugnationis et mutui auxilii contra hostes. Unde qui perfectam communitatem regit, *id est civitatem vel provinciam,* antonomastice rex vocatur etc.

[4]) Com. in Pol. I. lect. 1. pag. 366b (Einleitung): Quarum quidem communitatum cum diversi sint gradus et ordines, ultima est *communitas civitatis ordinata ad per se sufficientia vitae humanae.* Unde inter omnes communitates humanas ipsa est perfectissima. Vergl. auch unten Seite 43 Anm. 5.

Regierung der Fürsten" fügt er dem noch eine weitere Gemeinschaft hinzu, die „Provinz" oder das Territorium. Auf den Unterschied dieses letzteren von der Stadt und seine Bedeutung für die Wirtschaftslehre des Thomas wollen wir später zurückkommen; zunächst erwägen wir den Satz, dass die Stadt die vollkommenste Gemeinschaft ist, weil sie die wirtschaftlichen Zwecke jedes Gemeinschaftslebens am vollkommensten erfüllt.

Mit dem Satze, dass die Stadt die vollkommenste Form des menschlichen Gemeinschaftslebens ist, will Thomas natürlich wieder nur einen echt aristotelischen Gedanken aussprechen; aber wieder ist es ihm trotz des gleichen Ausdrucks nicht gelungen, den Sinn seines Meisters richtig zu treffen. Ein Blick in den Kommentar zum ersten Kapitel der „Politik" zeigt uns mit wünschenswertester Deutlichkeit den Grund für diese Erscheinung.

Darin stimmen zunächst Autor und Kommentator überein, dass für sie die Begriffe „Staat" und „Stadt" gleichbedeutend sind; aber während für Aristoteles das räumliche Substrat des Staates an dieser Stelle gar nicht weiter in Betracht kommt, vielmehr aller Nachdruck nur auf der besonderen Qualität der Gemeinschaft als staatlicher im Unterschied von der Familie und Sippe liegt, ist bei Thomas gerade das Umgekehrte der Fall; ihm schwebt bei dem Worte civitas in erster Linie immer das Bild einer „Stadt" nach ihrer räumlichen Erscheinung vor. Darum überträgt er[1]) die Natürlichkeit, die Aristoteles dem

[1]) Com. in Pol. I. lect. 1. pag. 370^b f. (zu I, 1, 9. 1253^a 1—4): Concludit ergo primo ex praemissis, quod civitas est eorum, quae sunt secundum naturam. Et cum civitas non sit nisi congregatio hominum, sequitur, quod homo sit animal naturaliter civile. Posset autem hoc alicui venire in dubium ex hoc, quod ea, quae sunt secundum naturam, omnibus insunt; *non autem omnes homines inveniuntur esse habitatores civitatum*. Et ideo ad hanc dubitationem excludendam consequenter dicit, quod aliqui sunt non civiles propter fortunam, utpote quia sunt expulsi de civitate, vel propter paupertatem necesse habent excolere agros aut animalia custodire. Et hoc patet, quod non est contrarium ei quod dictum est, *quod homo sit naturaliter civilis:* quia et alia naturalia aliquando deficiunt propter fortunam: puta, cum alicui amputatur manus, vel cum privatur oculo. Sed si aliquis homo habeat, quod non sit civilis propter naturam, aut nequam est, utpote cum hoc contingit ex corruptione naturae humanae; aut est melior quam homo, inquantum scilicet habet naturam perfectiorem aliis hominibus communiter, ita quod per se sibi possit sufficere absque hominum societate, sicut fuit in Joanne Baptista et beato Antonio heremita.

„Staate" als der höchsten Form menschlichen Gemeinschaftslebens zugeschrieben hatte, auf die „Stadt" als eine Form räumlichen Zusammenlebens der Menschen; darum wiederholt er den schon oft erwähnten Satz seiner Vorlage, dass der Mensch von Natur den Trieb zum staatlichen Leben in sich habe, hier in der Form, dass der Mensch von Natur ein Wesen sei, das in einer Stadt wohne. Er erklärt sogar ausdrücklich, dass einer, der aus Zufall oder persönlichem Missgeschick nicht Bewohner einer Stadt ist, entweder aus ihr verbannt worden sein oder aber so arm sein müsse, dass er gezwungen sei, den Acker zu bebauen und das Vieh zu hüten; eine derartige Erscheinung aber widerspreche dem Satze, dass doch das städtische Leben für den Menschen das natürliche ist, ebensowenig, wie etwa der Umstand, dass einmal ein Mensch nur einen Arm oder ein Auge habe, dem widerspreche, dass doch zwei Arme und zwei Augen für den Menschen an sich das Natürliche sind.

So fest also ist seine Anschauung in den Kreis städtischen Lebens gebannt, dass die ganze agrarische Bevölkerung ihm nur als eine Ausnahme unter den Menschen erscheint, ebenso wie nach anderer Richtung hin Einsiedler wie Johannes der Täufer oder der heilige Antonius ihrer persönlichen Vollkommenheit wegen solche Ausnahmen seien.

Dem entspricht, dass er die von Aristoteles in übertragener Bedeutung gebrauchten Ausdrücke Haus und Dorf ebenfalls in ihre räumliche Bedeutung zurückübersetzt. Dabei verwickelt er sich aber in ein charakteristisches Missverständnis: Aristoteles hatte das Dorf beschrieben[1]) als eine Vergrösserung, eine Art Kolonie des Hauses, weil er die Begriffe Haus und Dorf eben nicht in ihrer sinnlichen, sondern in ihrer übertragenen Bedeutung von Familie und Sippe gebrauchte. Für Thomas[2]) aber

---

[1]) Pol. I. 1, 7. 1252^{b} 15—18.

[2]) Com. in Pol. I. lect. 1. pag. 369^{b} f.: Dicit ergo primo, quod prima communicatio, quae est ex pluribus domibus, vocatur vicus; et dicitur prima ad differentiam secundae, quae est civitas: haec autem communitas non est constituta in diem, sicut dicit de domo, sed est instituta gratia usus non diurnalis . . . Dicit ergo primo, quod vicinia domorum, quae est vicus, maxime videtur esse secundum naturam. Nihil enim est magis naturale, quam propagatio multorum ex uno in animalibus; et hoc facit viciniam domorum. Hos enim, qui habent domos vicinas, quidam vocant collactaneos puerosque, id est filios, et puerorum

ist der vicus seinem Wesen nach vicinia domorum, d. h. er ist eine Gruppe von Häusern, eine Strasse, die dadurch entstanden ist, dass beim Anwachsen der Familie die Kinder und Kindeskinder ihre Häuser neben das der Eltern gebaut haben.

Dieses Missverständnis nun, dass er in dem aristotelischen „Dorf" eine Strasse der Stadt bezeichnet findet,[1]) ist besonders verhängnisvoll für ihn geworden, weil er gerade darauf, dass die Stadt aus mehreren Strassen besteht, die Eigenschaft zurückführt, dass sie wirklich volle Bedarfsdeckung gewährleistet:[2]) weil nämlich in der einen Strasse die Schmiede, in der andern die Weber, in einer dritten wieder andere Handwerker ihr Gewerbe ausüben, so wird es möglich, dass in der Stadt alles gefunden werde, was zum menschlichen Leben notwendig ist. Die Vollkommenheit der Stadt beruht also darauf, dass sie verschiedene Gewerbe in sich vereinigt; und weil jedes Gewerbe in einer Strasse konzentriert ist, so ist mit der Existenz verschiedener Strassen die Vollkommenheit der Stadt garantiert.

Hier ist nun gar nicht zu verkennen, dass Thomas in seiner Auffassung des ganzen Zusammenhangs der aristotelischen Gedanken durchaus durch die reale Anschauung bestimmt ist, die das Leben seiner Zeit ihm bot: die mittelalterliche Stadt mit ihren nach Zünften geordneten Gewerben und ihren nach Strassen verteilten Zünften, sie ist es, an die er gedacht hat, als er die Ausführungen des Aristoteles über den „Staat" las.

---

pueros, id est nepotes, ut intelligamus, *quod huiusmodi vicinia domorum ex hoc primo processit, quod filii et nepotes multiplicati instituerunt diversas domos iuxta se habitantes.* Unde cum multiplicatio prolis sit naturalis, sequitur quod communitas vici sit naturalis . . . Quia ex multiplicatione prolis constituta est vicinia, ex hoc processit, quod a principio quaelibet civitas regebatur a rege et adhuc aliquae gentes habent regem, etsi singulae civitates singulos reges non habeant; et hoc ideo, quod civitates et gentes constituuntur ex his, qui sunt subiecti regi . . . Ideo autem hoc regimen a domibus et vicis processit ad civitates, quia diversi vici sunt sicut civitas dispersa in diversas partes; *et ideo antiquitus habitabant homines dispersi per vicos, non tamen congregati in unam civitatem.* Sic ergo patet, quod regimen regis super civitatem vel gentem processit a regimine antiquioris in domo vel vico.

[1]) Nur am Ende der in der vorigen Anm. citierten Stelle scheint die Bedeutung „Dorf" durchzuklingen.

[2]) Siehe S. 43 Anm. 5.

Daher ist es denn auch nicht verwunderlich, dass er den Kernbegriff der aristotelischen Staatslehre völlig verkannt hat. Wenn nämlich Aristoteles dem Staate *αὐτάρκεια* zuschreibt,[1]) so will er damit sagen, dass in ihm das erreicht ist, was um seiner selbst willen das menschliche Leben lebenswert macht, der letzte Zweck alles Lebens, der allein absolute Bedeutung für die menschlichen Handlungen beansprucht. Dieser letzte Zweck aller Handlungen ist für ihn die Glückseligkeit,[2]) die ihrerseits wieder vornehmlich in der Tugend besteht. Darum geht ihm der ganze Zweck des Staates darin auf, sittliches Leben bei seinen Gliedern zu erzeugen.[3]) Die *αὐτάρκεια* hat im wesentlichen, und vor allem an der bezeichneten Stelle, rein sittliche Bedeutung; wirtschaftliche Elemente kommen höchstens als Vorbedingungen hinzu.[4]) Wenn aber Thomas der Stadt sufficientia zuschreibt, so meint er damit, dass man in ihr alles finde, was man notwendig zum Leben braucht; und dass er dabei nur an wirtschaftliche Güter denkt, zeigt der Zusatz, dass eben durch das Vorhandensein mehrerer Gewerbe diese volle Selbstgenügsamkeit gewährleistet werde.[5]) Darum erscheint ihm die sittliche Aufgabe der Stadt, die er natürlich nicht ganz leugnet, doch nur als sekundäre Folge ihrer Existenz; denn wenn die Stadt einmal besteht, können nunmehr auch die Menschen durch Gesetze zum tugendhaften

---

[1]) Pol. I, 1, 8. 1252^b 29.

[2]) Vergl. dazu Eth. Nic. I, 5. 1097^b 5—21.

[3]) So z. B. auch Pol. III, 5, 14. 1281^a 1—4.

[4]) Pol. IV, 7, 5. 1328^b 17—23; VII, 5, 2. 1321^b 14—18.

[5]) Com. in Pol. I. lect. 1. pag. 370^a f.: (zu I, 1, 8. 1522^b 29): Primo ostendit, ex quibus sit civitas. Quia sicut vicus constituitur ex pluribus domibus, ita civitas ex pluribus vicis. Secundo dicit, quod civitas est communitas perfecta: quod ex hoc probat, quia *cum omnis communicatio omnium hominum ordinetur ad aliquid necessarium vitae, illa erit perfecta communitas, quae ordinatur ad hoc, quod homo habeat sufficienter, quicquid est necessarium ad vitam:* talis autem communitas est civitas. Est enim de ratione civitatis quod in ea inveniantur omnia, quae sufficiunt ad vitam humanam, sicut contingit esse. Et propter hoc componitur *ex pluribus vicis, in quorum uno exercetur ars fabrilis, in alio ars textoria, et sic de aliis.* Unde manifestum est, quod civitas est communitas perfecta. Tertio ostendit ad quid civitas ordinata sit: est enim *primitus* facta gratia vivendi, ut scilicet homines sufficienter invenirent, unde vivere possent: sed ex eius esse provenit, quod homines non solum vivant, sed quod bene vivant, in quantum per leges civitatis ordinatur vita hominum ad virtutes.

Leben angehalten werden. Darum kann er auch nicht verstehen, wieso nach Aristoteles die Stadt das höchste Gut unter den Menschen erstrebe;[1]) er meint, das habe seinen Grund darin, dass sie das gemeine Beste aller suche, was ja wertvoller sei als das Wohl eines einzelnen, wie mit einem Citat aus der „Ethik" erwiesen wird;[2]) oder er deutet gelegentlich auch den Begriff des „gut lebens" um, indem er gerade das Leben in voller Genüge darunter versteht, das durch die Berufsteilung ermöglicht wird.[3])

Auch mit dieser unbewussten Umdeutung des sittlichen Begriffs des absolut letzten Zweckes in den wirtschaftlichen der vollen Bedarfsdeckung lässt Thomas nun aber erkennen, wie sehr er bei seinem Verständnis des Aristoteles durch die wirklichen Zustände seiner Zeit geleitet worden ist. An die Stelle des antiken Staatsbegriffes ist ihm das Bild der mittelalterlichen Stadt getreten, bei der wirklich der Grundsatz alles beherrschte, dass man in ihr alles finde, was man zum Leben braucht, dass sie vollste Befriedigung aller menschlichen Bedürfnisse in sich gewährleiste, dass sie deshalb die verschiedensten Gewerbe in sich vereinigen müsse. Wenn er somit schon im Kommentar die mittelalterliche Stadt als sein Staatsideal zeichnet, so ist nun auch zu erwarten, dass er das noch viel deutlicher thun wird, wo er relativ unabhängig von Aristoteles sich darüber ausspricht.

Im zweiten Teile der Schrift „Ueber die Regierung der Fürsten" setzt Thomas u. a. auseinander, was zur Gründung

---

[1]) Pol. I, 1, 1. 1252^a 5.

[2]) Com. in Pol. I. lect. 1. pag. 367^b: Est ergo coniectatrix principalissimi boni inter omnia bona humana: intendit enim bonum commune, quod est melius et divinius quam bonum unius, ut dicitur in principio Ethicorum.

[3]) Com. in Pol. III. lect. 5 pag. 463^a (zu III, 4, 3. 1278^b 23—26): magna utilitas est communis in communione vitae socialis: et hoc quantum ad duo. Primo quidem quantum ad bene vivere: ad quod unusquisque affert suam partem, sicut videmus in qualibet communitate, *quod unus servit communitati de uno officio, alius de alio, et sic omnes communiter bene vivunt.* Hoc igitur, scilicet bene vivere, maxime est finis civitatis vel politiae, et communiter quantum ad omnes et sigillatim quantum ad unumquemque. Secundo utilis est vita communis etiam propter ipsum vivere, dum unus in communitate vitae existentium alii subvenit ad sustentationem vitae et pericula mortis.

und damit zum Wesen einer vollkommenen Stadt gehört; es sind vier Bedingungen, die er da nennt.[1]) Zunächst muss die Gegend, in der sie errichtet werden soll, gesund, fruchtbar, anmutig und sicher sein. Vor allem legt er dann in der näheren Ausführung[2]) auf die Fruchtbarkeit Gewicht; denn es ist das Sicherste und Würdigste, wenn die Stadt ihren Lebensunterhalt aus eigenem Grund und Boden bezieht: sie soll in ihrer Bedarfsdeckung möglichst unabhängig vom Auslande sein. Ganz wird sich das ja nie erreichen lassen, und so wird

---

[1]) De reg. princ. I, 13. pag. 236a: Necesse est igitur institutori civitatis et regni *primum* quidem *congruum locum eligere*, qui salubritate habitatores conservet, ubertate ad victum sufficiat, amoenitate delectet, munitione ab hostibus tutos reddat. Quodsi aliquid de dicta opportunitate deficiat, tanto locus erit convenientior, quanto plura vel magis necessaria de praedictis habuerit. *Deinde* necesse est, ut *locum* electum institutor civitatis aut regni *distinguat* secundum exigentiam eorum, quae perfectio civitatis aut regni requirit; puta si regnum instituendum sit, oportet providere, quis locus aptus sit urbibus constituendis, quis villis, quis castris; ubi constituenda sint studia litterarum, ubi exercitia militum, ubi negociatorum conventus, et sic de aliis, quae perfectio regni requirit. Si autem institutioni civitatis opera detur, providere oportet, quis locus sit sacris, quis iure reddendo, quis artificibus singulis deputandus. *Ulterius* autem oportet *homines congregare*, qui sunt congruis locis secundum sua officia deputandi. *Demum* vero providendum est, ut *singulis necessaria suppetant* secundum uniuscuiusque constitutionem et statum; aliter enim nequaquam possit regnum vel civitas commanere. — Die das Regnum betreffenden Ausführungen dieser Stelle werden weiter unten besprochen werden.

[2]) De reg. princ. II, 3. pag. 239 f.: Oportet autem, ut locus constituendae urbis electus non solum talis sit, qui salubritate habitatores conservet, sed ubertate ad victum sufficiat; non enim est possibile, multitudinem hominum habitare, ubi victualium non suppetit copia. Unde, ut vult *Philosophus*, cum Xenocrates, architector peritissimus, Alexandro Macedoni demonstraret, in quodam monte civitatem egregiae formae construi posse, interrogasse fertur Alexander, si essent agri, qui civitati possent frumentorum copiam ministrare. Quod cum deficere inveniret, respondit vituperandum esse, si quis in tali loco civitatem construeret; sicut enim natus infans non potest nutriri sine nutricis lacte nec ad incrementum perduci, sic civitas sine ciborum abundantia frequentiam populi habere non potest. — Duo tamen sunt modi, quibus alicui civitati potest affluentia rerum suppetere: unus, qui dictus est, propter regionis fertilitatem abunde omnia producentis, quae humanae vitae requirit necessitas; alius autem per mercationis usum, ex quo ibidem necessaria vitae ex diversis partibus adducuntur. Primus autem modus convenientior esse manifeste convincitur: tanto enim aliquid dignius est, quanto per se sufficientius invenitur, quia quod alio indiget, deficiens esse monstratur. Sufficientiam autem plenius possidet civitas, cui circumiaciens regio sufficiens est ad necessaria vitae, quam illa, quae indiget ab aliis per mercationem accipere. — *Dignior ergo est civitas, si abundantiam rerum habeat ex territorio proprio, quam si per mercatores abundet, cum hoc etiam videtur esse securius*, quia propter bellorum eventus et

auch eine vollkommene Stadt immer zur Einfuhr einiger Dinge auf die Vermittelung des Handels angewiesen sein; auch wird sie ihn nicht entbehren können, um den Ueberfluss eigener Produkte nach auswärts abzusetzen. Aber ihr Streben wird doch immer sein müssen, seine Dienste jedenfalls nur massvoll in Anspruch zu nehmen: was sie überhaupt bei sich selbst erzeugen kann, soll nicht von auswärts bezogen werden. Also möglichst autonome Bedarfsdeckung: das ist die erste Forderung, die an eine vollkommene Stadt gestellt werden muss. Die Einzelheiten der Ausführung dieses Gedankens sind vielfach durch aristotelische Reminiscenzen bestimmt, dessen in dieser Richtung geäusserte Sätze vollständig und fast immer richtig wiedergegeben werden.[1])

diversa viarum discrimina de facili potest impediri victualium deportatio, et sic civitas per defectum victualium opprimitur. — Est etiam hoc *utilius ad conversationem civilem;* nam civitas, quae ad sui sustentionem mercationum multitudine indiget, necesse est, ut continuum extraneorum convictum patiatur. Extraneorum autem conversatio corrumpit plurimum civium mores secundum *Aristotelis* doctrinam in sua Politica, quia necesse est evenire, ut homines extranei aliis legibus et consuetudinibus enutriti in multis aliter agant, quam sunt civium mores; et sic, dum cives exemplo ad agenda similia provocantur, civilis conversatio perturbatur. Rursus si cives ipsi mercationibus fuerint dediti, pandentur pluribus vitiis aditus; nam cum negotiatorum studium maxime ad lucrum tendat, per negotiationis usum cupiditas in cordibus civium traducitur, ex quo convenit, ut in civitate omnia fiunt venalia, et fide subtracta locus fraudibus aperitur publicoque bono contempto proprio commodo quisque deserviet deficietque virtutis studium, dum honor, virtutis praemium, omnibus deferetur: unde necesse erit, in tali civitate civilem conversationem corrumpi. — Est etiam negotiationis usus *contrarium quam plurimum exercitio militari;* negotiatores enim, dum umbram colunt, a laboribus vacant, et dum fruuntur deliciis, mollescunt animo, et corpora redduntur debilia et ad labores militares inepta: unde secundum iura civilia negotiatio est militibus interdicta. — Denique civitas illa solet esse *magis pacifica*, cuius populus rarius congregatur minusque inter urbis moenia resident. Ex frequenti enim hominum concursu datur occasio litibus et seditionibus materia ministratur; unde secundum *Aristotelis* doctrinam utilius est quidem, quod populus extra civitates exerceatur, quam quod intra moenia civitatis iugiter commoratur. Si autem civitas sit mercationibus dedita, maxime necesse est, ut intra urbem cives resideant ibique mercationes exerceant. — *Melius igitur est, quod civitati victualium copia suppetat ex propriis agris, quam quod civitas sit totaliter negotiationibus exposita.* Nec tamen negotiatores omnino a civitate oportet excludi, quia non de facili potest inveniri locus, qui sic omnibus vitae necessariis abundet, quod non indigeat aliquibus aliunde allatis; eorumque, quae in eodem loco superabundant, eodem modo reddetur multis damnosa copia, si per mercatorum officium ad alia loca transferri non possent. *Unde oportet, quod perfecta civitas moderate mercatoribus utatur.*

[1]) Vergl. zu dem ersten Abschnitt der vorletzten Anm.: Pol. IV, 10 ff. 1330ª 34 ff.; zu den drei Stellen, wo Aristoteles in der letzten Anm. erwähnt wird:

Die zweite Bedingung für die Gründung einer Stadt ist die, dass man in der gewählten Gegend die einzelnen Oertlichkeiten richtig verteile, vor allem den Kirchen, Gerichten und Handwerkern für sie geeignete Plätze anweise. Wenn wir auch die näheren Ausführungen nicht kennen, die Thomas im weiteren Verlauf seiner Schrift für diesen Gedanken gegeben haben würde, so dürfen wir doch wohl vermuten, dass er hier ebenfalls durch Andeutungen des Aristoteles bestimmt ist;[1]) aber es ist charakteristisch, wenn auch für uns schon nicht mehr verwunderlich, dass er den Tempeln und Behörden, die jener nennt, noch die Plätze für die Handwerker hinzufügt; er hat eben trotz aller formellen Anlehnung an jenen doch immer die Verhältnisse seiner Zeit im Auge.

Das zeigt nun vor allem die dritte Bedingung, die sich auf die soziale Gliederung der Bevölkerung bezieht und die überhaupt keine Parallele bei Aristoteles hat. Sie geht dahin, dass man die Einwohner nach Berufen gruppiere und die so gebildeten Gruppen an bestimmten Plätzen ansässig mache. Die feste Gliederung der Berufsstände in der Stadt ist ihm auch sonst nicht unbekannt: wir sahen schon, dass er ihre Entstehung direkt auf eine Einwirkung der göttlichen Vorsehung zurückführt; er verwendet sie auch gelegentlich, um die Gliederung der Engelchöre damit zu illustrieren;[2]) aber wenn er dabei vor allem die Richter, Krieger und Bauern nennt, so folgt er da doch einem aristotelischen Schema weiter, als die thatsächliche Gliederung der Bevölkerung in den mittelalterlichen Städten ihm eigentlich gestatten dürfte: gelegentlich also scheint er doch über den Begriffen seines Meisters die reale Wirklichkeit seiner Zeit zu vergessen. Andererseits haben wir in der Bestimmung, dass die Menschen auch nach Berufen

Pol. IV, 5, 1. 1326b 26—30 (die Xenokrates-Anekdote ist aber nach Ausweis von Bonitz, Index Aristotelicus, nicht aus Aristoteles entnommen); Pol. IV, 5, 3. 1327a 13—18 (nicht des Aristoteles eigne Ansicht); Pol. VII, 2, 1. 1318b 11 f. und VIII, 2, 7 f. 1319a 28—39. Ausserdem vergl. noch zum vorletzten Abschnitt derselben Anm.: Pol. IV, 5, 4. 1327a 25—28.

[1]) Pol. IV, 11, 1 ff. 1331a 24 ff.

[2]) Siehe oben Seite 34 f. Ausserdem: S. th. I. q. 108. art 2 c. . . . . . cut patet, quod in una civitate sunt diversi ordines secundum diversos actus; nam alius est ordo iudicantium et alius pugnantium et alius laborantium in agris et sic de aliis.

gesondert wohnen sollen, doch wieder einen dem wirklichen Leben abgelauschten Zug vor uns, und es ist bezeichnend, dass auch diese echt mittelalterliche Beschränkung der Wohnungsfreiheit von ihm als Bedingung der Vollkommenheit der Stadt betrachtet wird.

Die vierte und nächst der ersten für den Bestand der Stadt wichtigste Bedingung ist schliesslich die, dass die Regierung dafür zu sorgen habe, dass der einzelne in der Stadt sein genügendes Auskommen finde. Es wäre sehr interessant zu wissen, welche Massregeln Thomas hier etwa den Regierungen vorgeschlagen hätte; leider ist aber der Teil, der das behandeln sollte, von ihm nicht mehr ausgearbeitet worden, und aus seinen anderen Schriften ist mir keine Stelle bekannt, die eine Antwort auf diese Frage gäbe. Nur das können wir feststellen, was für ihn im allgemeinen der Massstab für das genügende Auskommen gewesen ist: er selbst nämlich erläutert es damit, dass das Auskommen des einzelnen seiner Stellung und seinem Stande entsprechen müsse. Dieser Begriff des standesgemässen Auskommens hat für Thomas überhaupt eine grundlegende Bedeutung. Er bezeichnet nämlich einmal die obere Grenze, bis zu welcher der Mensch in seinem Erwerb gehen darf, ohne dass der Erwerbstrieb in Habsucht umschlage:[1]) was an Einkommen oder Vermögen — Thomas scheidet zwischen beiden nicht — über das standesgemässe Auskommen hinausgeht, fällt ihm unter den Begriff des Ueberflusses, den zu behalten er für Sünde hält, wie die nähere Besprechung seiner Eigentumslehre uns noch zeigen wird.[2]) Andererseits ist mit diesem Begriffe aber auch die untere Grenze dessen festgelegt, was jeder erwerben darf:[3]) bis sie nicht erreicht ist, ist

[1]) S. th. II, 2. q. 118. art 1 c. . . . . Bona autem exteriora habent rationem utilium ad finem, sicut dictum est. Unde necesse est, quod bonum hominis circa ea consistat in quadam mensura, *dum scilicet homo secundum aliquam mensuram quaerit habere exteriores divitias, prout sunt necessariae ad vitam eius secundum suam conditionem.* Et ideo in excessu huius mensurae consistit peccatum, dum scilicet aliquis supra debitum modum vult eas vel acquirere vel retinere, quod pertinet ad rationem avaritiae.

[2]) Siehe unten Kap. IV.

[3]) S. th II, 2. q. 32. art 6: Utrum quis debeat dare eleemosynam de necessario? Respondeo dicendum, quod *necessarium* dupliciter dicitur: *uno modo, sine quo aliquid esse non potest*, et de tali necessario omnino eleemosyna dari non

niemand verpflichtet, von seinem Einkommen oder Vermögen Almosen an andere zu geben. Ja, solange nicht wenigstens das Existenzminimum für den Mann und seine Familie gedeckt ist, wäre es geradezu eine Sünde gegen das eigne Leben und das seiner Angehörigen, wollte er Almosen geben; und auch von dem, was darüber hinausgeht, aber noch zum standesgemässen Lebensbedarf gehört, Almosen zu geben, wird höchstens als besonders verdienstliches Werk geschätzt, aber verpflichtet ist niemand dazu. Dabei wird wohl hervorgehoben, dass dieser standesgemässe Bedarf keine ziffernmässig festzustellende Höhe hat, dass er nicht nur mit dem Stande des einzelnen wechselt, sondern auch innerhalb eines Standes gelegentlichen Einschränkungen oder Ausdehnungen unterworfen werden kann. Aber das beeinträchtigt die fundamentale Bedeutung nicht, die dieser Begriff für die wirtschaftliche und soziale Anschauung des Thomas überhaupt hat. Für ihn wird die Lebenshaltung des einzelnen durchweg nach dem Stande bestimmt, dem er angehört, in den er nach dem Ratschluss der göttlichen Vorsehung hineingeboren ist; unter die übliche

debet: puta si aliquis in articulo necessitatis constitutus haberet solum, unde possent sustentari et filii sui vel alii ad eum pertinentes; de hoc enim necessario eleemosynam dare, est sibi et suis vitam subtrahere. Sed hoc dico, nisi forte casus immineret, ubi subtrahendo sibi, daret alicui magnae personae, per quam Ecclesia vel respublica sustentaretur, quia pro talis personae liberatione se ipsum et suos laudabiliter periculo mortis exponeret, cum bonum commune sit proprio praeferendum. — Alio modo dicitur aliquid esse *necessarium, sine quo non potest convenienter vita transigi secundum conditionem et statum propriae personae et aliarum personarum, quarum cura ei incumbit.* Huius modi necessarii terminus non est in indivisibili constitutus, sed multis additis non potest diiudicari esse ultra tale necessarium, et multis subtractis adhuc remanet, unde possit convenienter aliquis vitam transigere secundum proprium statum. De huiusmodi ergo eleemosynam dare est bonum *et non cadit sub praecepto, sed sub consilio.* Inordinatum esset autem, si aliquis tantum sibi de bonis propriis subtraheret, ut aliis largiretur, quod de residuo non posset vitam transigere convenienter secundum proprium statum et negotia occurrentia. Nullus enim inconvenienter vivere debet. Sed ad hoc tria sunt excipienda; quorum primum est, quando aliquis statum mutat, puta per religionis ingressum; tunc enim omnia sua propter Christum largiens opus perfectionis facit se in alio statu ponendo. Secundo, quando ea, quae sibi subtrahit, etsi sint necessaria ad convenientiam vitae, tamen de facili resarciri possunt, ut non sequatur maximum inconveniens. Tertio quando occurreret extrema necessitas alicuius privatae personae, vel etiam aliqua magna necessitas reipublicae. In his enim casibus laudabiliter praetermitteret aliquis id, quod ad decentiam sui status pertinere videretur, ut maiori necessitati subveniret. Ebenso Sent. IV. dist. 15 q. 2 art. 1 q. 4 c.

Lebenshaltung seines Standes soll niemand herabsinken; aber darüber hinaus zu streben, ist ebenfalls verboten. Eine soziale Hebung der unteren Stände, eine „Emporentwickelung der Massen", kennt demnach Thomas nicht; sein soziales Ideal trägt durchaus konservativen Charakter: auch darin entspricht er ganz der Auffassung, die man allgemein im Mittelalter über diese Dinge hatte.[1])

Bei den vier Bestimmungen, die wir als für die Gründung einer Stadt massgebend im vorigen erörtert haben, sind wir insofern dem Text des Thomas nicht ganz gerecht geworden, als wir im wesentlichen lediglich auf die Stadt bezogen haben, was er dem Wortlaute nach von Stadt und Territorialstaat zugleich aussagt. So würde es sich also immer noch fragen, ob die Wirtschaftsorganisation bei ihm wirklich nur rein städtischen Charakter trägt, oder ob sich nicht schon Spuren spezifisch staatswirtschaftlicher Tendenzen bei ihm geltend machen.

Das ist nun aber doch wohl nicht der Fall. Zunächst ist hier zu beachten, dass er im Kommentar ganz uneingeschränkt die einzelne Stadt, auch wenn sie einem grösseren Staatsverbande angehört,[2]) doch für die wirtschaftlich vollkommenste Organisation der Gesellschaft erklärt. Ebenso zeigt bei der Vergleichung der einzelnen Stadt mit dem mehrere Städte umfassenden Staate in der Einleitung der Schrift „Ueber die Regierung der Fürsten" dieser Staat keine wirtschaftliche, sondern lediglich militärische Ueberlegenheit vor der autonomen Stadt.[3]) Ferner sind die oben wiedergegebenen Ausführungen aus dem zweiten Teile dieser Schrift, soweit sie aus Aristoteles stammen, von vornherein nur auf einzelne Städte bezogen; auch wo Thomas sonst von der Gruppierung der Bevölkerung nach Berufen spricht, setzt er als die sie umfassende

---

[1]) Daraus ergiebt sich, wie wenig die thomistische Soziallehre geeignet ist, etwa als Grundlage einer modernen Sozialpolitik zu dienen, und wie sehr die katholische Kirche sie umdeuten muss, um sie dazu machen zu können. Es gehört aber auch der ganze ungeschichtliche Sinn dieser Kirche dazu, Gedanken, die erst im 19. Jahrhundert möglich sind, schon im 13. ausgesprochen finden zu wollen.

[2]) Auch solche kennt Thomas im Kommentar. Siehe oben S. 41 f. Anm. 2: Et adhuc aliquae gentes habent regem, etsi singulae civitates singulos reges non habeant.

[3]) Siehe S. 39 Anm. 3.

Einheit die Stadt voraus.[1]) So ist es sehr wahrscheinlich, dass er entgegen der im Kommentar und sonst befolgten Gewohnheit in der dem Könige von Cypern gewidmeten Schrift neben die Stadt noch das Fürstentum gestellt hat, weil er eben an einen Fürsten schrieb, dessen Gebiet immerhin mehr als das Weichbild einer Stadt umfasste, dass aber das seine Anschauungen doch eigentlich Bestimmende die autonome Stadt ist, wie sie vor allem in Italien sich entwickelt hatte. Schliesslich aber zeigt die Bestimmung, die er über die Verteilung der Oertlichkeiten in einem Königreiche an der oben angezogenen Stelle giebt,[2]) wo er neben Universitäten und Uebungsplätzen für die Truppen auch Versammlungsplätze für die Händler eingerichtet wissen will, dass doch auch die politisch einem grössern Staatsverbande angehörenden Städte nach seiner Ansicht wirtschaftlich lediglich durch Vermittelung des Handels, d. h. ebenso miteinander verkehren, wie es die politisch selbständigen Städte thun. Danach hat wohl für Thomas die politische Selbständigkeit oder Unselbständigkeit einer Stadt wirtschaftlich ebensowenig Einfluss ausgeübt, wie die Verschiedenheit der Verfassung bei den autonomen Städten für ihre wirtschaftlichen Funktionen irgendwie in Frage kommt.

Das abschliessende Urteil wird demnach doch lauten, dass die Stadt für Thomas die vollkommene Wirtschaftseinheit ist, oder dass die Organisation des Wirtschaftslebens, die er kennt, die der autonomen Stadtwirtschaft ist.

§ 3. Die Grundzüge der autonomen Stadtwirtschaft.

Versuchen wir nun, auf Grund der vorstehenden Erörterungen uns ein übersichtliches Bild des Wirtschaftslebens zu machen, wie Thomas es sich vorgestellt hat, so werden wir seine Meinung etwa folgendermassen zusammenfassen können: Die Stadtgemeinde ist die vollkommene und normale Form menschlichen Gemeinschaftslebens; wer nicht an ihrem Leben teil hat, ist nicht als ein nach allen Seiten hin normaler Mensch

[1]) Siehe S. 47 Anm. 2.
[2]) Siehe S. 15 Anm. 1.

zu betrachten.[1]) Die erste Forderung, die man in wirtschaftlicher Hinsicht an eine Stadt stellen muss, ist darum die, dass sie in sich volle Befriedigung aller Bedürfnisse gewährleiste; daher muss sie sich in ihrer Bedarfsdeckung von anderen Städten möglichst unabhängig halten. Dazu gehört, dass sie zunächst die nötigen Nahrungsmittel auf eigenem Grund und Boden erzeuge, also eine starke ackerbautreibende Bevölkerung in ihrer Mitte habe,[2]) dass aber auch die einzelnen Gewerbe, deren Dienste man braucht, in ihr zu finden seien, und zwar dergestalt, dass alle Handwerker, die dasselbe Gewerbe betreiben, auch in derselben Strasse zusammen wohnen.[3]) Dem Handel dagegen kommt nur eine untergeordnete Bedeutung zu: er hat nur die Aufgabe, den mässigen Verkehr mit anderen Städten zu vermitteln, den man doch nie ganz wird entbehren können; für den Verkehr innerhalb der Stadt aber, also für den Verkehr, auf dem die ganze Berufsgliederung der städtischen Gesellschaft sich aufbaut, kommt er überhaupt nicht in Betracht: innerhalb der Stadt stehen Produzent und Konsument einander unmittelbar gegenüber. Ja, es ist sogar aller Handel, der die Stadt überhaupt berührt, vom Standpunkt der Stadt aus lediglich Passivhandel; es würde den Ruin der Stadt bedeuten, wenn die Bürger selbst sich an Handelsgeschäften beteiligen wollten. Dem entspricht, dass die moralischen Qualitäten der Händler nur als durchaus minderwertig geschildert werden.[4]) — Das allgemeine Gesetz der Güterverteilung schliesslich ist darin ausgesprochen, dass im städtischen Wirtschaftsleben jeder standesgemässes Auskommen für sich und die Seinen, aber auch nicht mehr als dieses, finden soll;[5]) denn da die Einteilung der Stände ein Werk der göttlichen Vorsehung selbst ist,[6]) so wäre es Sünde, sich über seinen Stand zu erheben. Eine Aenderung des Standes ist

---

[1]) Siehe S. 40 Anm. 1.

[2]) Siehe S. 45 Anm. 2.

[3]) Siehe S. 43 Anm. 5.

[4]) Siehe S. 45 Anm. 2. Die Einzelheiten dieser Stelle und ihr Verhältnis zu anderen Aussagen des Thomas werden im zweiten Hauptteil dieser Untersuchung behandelt werden.

[5]) Siehe S. 48—50.

[6]) Siehe S. 33 Anm. 2 und S. 34 Anm. 6.

nur in dem einen Falle möglich, dass man den weltlichen „Stand“ mit dem geistlichen vertausche; jede andere ist ausgeschlossen.[1]) Aber die Arbeit, die jeder seinem Stande entsprechend leistet, ist doch dadurch geadelt, dass sie, mag sie bestehen worin sie wolle, als Dienstleistung für die anderen aufgefasst wird, als ein „Amt“, das der einzelne der Gesamtheit gegenüber hat.[2])

Es braucht nach allem früher Gesagten nicht mehr darauf hingewiesen zu werden, dass diese Ausführungen sich in allen wesentlichen Zügen mit dem Bilde des städtischen Wirtschaftslebens im Mittelalter decken, wie es uns in ähnlicher Zusammenfassung öfter von Wirtschaftshistorikern geschildert worden ist.[3]) Auch das letztgenannte, die Auffassung des Berufes als „Amt“, entspricht durchaus den Gedanken der mittelalterlichen Stadtwirtschaft und entfernt sich in gleicher Weise von der modernen individualistischen Betrachtung, die in ihm nur eine Erwerbsquelle des einzelnen sieht, wie von der aristotelischen, die eine Berufsgliederung der Bevölkerung überhaupt noch nicht kennt.

In dieser Beziehung ist die Beurteilung des Berufs charakteristisch für die thomistische Wirtschaftslehre überhaupt; denn das ist doch schliesslich die Stellung, die sie in der Entwickelung des menschlichen Denkens über wirtschaftliche Dinge einnimmt, dass sie etwa in der Mitte zwischen der antiken und der modernen Auffassung steht, wenigstens, soweit wir nach den bisher dargelegten Grundzügen ein derartiges Urteil fällen dürfen. Damit ist schon ausgesprochen, dass sie sich von der aristotelischen Beurteilung des Wirtschaftslebens doch bedeutend entfernt. Da nun aber andererseits die aristotelische

---

[1]) Nur von einer solchen „Standesänderung“ sprechen die S. 48 f. Anm. 3 angegebenen Stellen.

[2]) Das Wort officium (siehe oben S. 35) wird sogar vom Händler gebraucht, oben S. 45 f. Anm. 2 am Ende.

[3]) Z. B. Schönberg, Zur wirtschaftlichen Bedeutung des deutschen Zunftwesens im Mittelalter (Jahrbücher für Nationalökonomie und Statistik Band IX, S. 1—144; auch separat: Berlin 1868). — Schmoller, Studien über die wirtschaftliche Politik Friedrichs des Grossen (Jahrbuch für Gesetzgebung, Verwaltung und Volkswirtschaft im Deutschen Reiche Band VIII, 1884, S. 14—23). Bücher, Entstehung der Volkswirtschaft, Tübingen, 1. Auflage 1893, S. 42—66; 2. Auflage 1898, S. 86—107.

„Politik“, wie wir früher sahen, gerade zu den Hauptquellen des Thomas gehört, so wird es für uns von hoher Wichtigkeit sein, diese Abweichungen hier noch etwas näher zu betrachten. Wie wenig es Thomas gelungen ist, in den Kern der aristotelischen Erörterung über Wesen und Bedeutung des Staates einzudringen, haben wir schon früher erfahren;[1]) hier wird der Ort sein, die neue Kette von Missverständnissen festzustellen, in die er sich bei der Interpretation der eigentlich wirtschaftlichen Ausführungen des ersten Buches der „Politik“ verwickelt. Dabei werden zunächst nur die allgemeinen Anschauungen zur Sprache kommen; die Erörterung aller Einzelheiten gehört in den zweiten Hauptteil dieser Untersuchung, der die einzelnen Erscheinungen des Verkehrs behandeln wird.

Zur Beantwortung der Frage,[2]) ob, wie manche seiner Vorgänger geglaubt hatten, auch die Erwerbskunde zur Lehre vom Haushalt gehöre, untersucht Aristoteles zunächst im allgemeinen, auf welche Weise sich der normale Haushalt die zum Leben nötigen Mittel verschaffe, welcher Art also das Einkommen des normalen Hauses sei. Er unterscheidet dabei zwei Arten des Erwerbs: erstens den der Nahrung durch Ackerbau, Gartenkultur, Viehzucht etc., kurz die Aneignung des Naturalertrages des eigenen Besitzes;[3]) zweitens den von barem Gelde, der nur durch den Tauschverkehr möglich ist, und auch da nur durch den Gewinn, den man beim Umsatz der Güter erzielt.[4]) Dem Wesen des Hauses angemessen, für das Haus natürlich und notwendig ist nun nach Aristoteles allein die Aneignung des Naturalertrages des eigenen Besitzes;[5]) der Reichtum, der so entsteht, besteht in einem Vorrat zu künftiger Verwendung bestimmter Gebrauchsgüter und hat darin seine natürliche Grenze.[6]) — Der verkehrsmässige Erwerb aber, der Handelsgewinn sowohl wie der Zins und der

---

[1]) Siehe S. 40—44.
[2]) Pol. I, c. 3 u. 4.
[3]) Pol. I, 4, 1. 1258b 12—21.
[4]) Pol. I, 4, 2. 1258b 21—27; 3, 15. 17. 1257b 1—10; 21—23.
[5]) Z. B. Pol. I, 3, 17. 1258b 19 f. und die folgende Anm.
[6]) Pol. I, 3, 8. 9. 1256b 27—39.

Handwerkerlohn, ist für jeden, der ein „Haus" hat, widernatürlich und nicht notwendig; geht ein Hausherr ihm doch nach, so jedenfalls nicht aus wirtschaftlichem Zwange, sondern aus Gier nach Geld und Genuss.[1]) Und wie diese ihrer Natur nach unersättlich ist, so hat auch der Reichtum an barem Gelde in sich keine Grenze. Darum dient er nicht mehr wirtschaftlichen Zwecken – für den nötigen Lebensunterhalt ist ja durch den eigenen Besitz des „Hauses" gesorgt – sondern er ist nur zu unsittlicher Verwendung geeignet.[2])

Eine derartige Auffassung der wirtschaftlichen Funktion des Hauses ist nun natürlich nur dann möglich, wenn wirklich jedes einzelne „Haus" über den zur Deckung des Lebensbedarfes nötigen Besitz verfügt. Dass das der Fall ist, ist eine thatsächliche Voraussetzung des Philosophen: jeder „Hausherr" verfügt über Aecker und Gärten, über Pferde, Rinder und Schafe etc.;[3]) das normale „Haus" besteht neben der Familie des Hausherren aus Sklaven und aus dem sachlichen Besitz.[4]) Nur der Arme, dessen Haushalt eben nicht normal ist, hat keine Sklaven.[5]) Das Wesen des „Besitzes" liegt darin, dass er die Deckung des nötigen Lebensbedarfes gewährleiste,[6]) d. h. jeder Besitz ist im wesentlichen Landbesitz.[7]) Zusammen-

---

[1]) Pol. I, 3, 19 f. 1257^b 40—58^a 8.

[2]) Pol. I, 3, 10. 17. 18. 1256^b 40 f.; 57^b 23—40.

[3]) Pol. I, 4, 1. 1258^b 12—21.

[4]) Pol. I, 2, 1. 4. 1253^b 4. 23.

[5]) Pol. I, 1, 6. 1252^b 11; ebenso VII, 5, 13. 1323^a 5 f.

[6]) Pol. I, 2, 4. 1253^b 23 f.

[7]) Dass der Geldbesitz neben dem Grundbesitz für ihn keine selbständige Rolle spielt, zeigt sich an mehreren Stellen der Politik. 1. Zu den absolut notwendigen Existenzbedingungen des Staates gehören u. a. reiche Leute, die einen gewissen Ueberfluss an Geld haben, damit man damit die Ausgaben des Staates im Innern und nach aussen bestreiten könne (IV, 7, 4. 1328^b 10 f.; 7, 5. 1328^b 22). Diese reichen Leute sollen nun die Bürger sein; damit sie das sein können, muss ihnen der Grundbesitz gehören (8, 5. 1329^a 17—19. 24 f.). — 2. Das Ideal der Vermögensverteilung ist, dass alle Bürger das gleiche, mittelgrosse Vermögen haben. Das kommt dadurch zu stande, dass der Grundbesitz in der entsprechenden Weise verteilt wird (II, 4, 5. 1266^b 26—28; 6, 10. 1270^a 15 f.; IV, 9, 7 f. 1330^a 9—23). Dabei weiss Aristoteles sehr wohl, dass es ausser dem Grundbesitz (aber nicht ohne ihn!) noch andere Vermögensbestandteile giebt, wie Sklaven, Herden, bares Geld, Hausgeräte u. a. (II, 4, 12. 1267^b 9—12). — 3. Um die Folgen der platonischen Gütergemeinschaft zu zeigen, exemplifiziert

fassend können wir wohl sagen: im normalen Hause soll Erwerb und Konsum nicht deutlich geschieden sein; Erwerbswirtschaft und Haushalt sind für Aristoteles noch identisch.

Von dieser Auffassung entfernt sich nun Thomas gerade in den entscheidenden Punkten vollständig. Wenn Aristoteles sagt, dass im Gegensatz zu Sippe und Stadt die Hausgemeinschaft den alltäglichen Bedürfnissen der Menschen diene,[1]) so werden wir das im Sinne der obigen Ausführungen dahin zu verstehen haben, dass sie die recht eigentlich zur Lösung der wirtschaftlichen Aufgaben des Lebens bestimmte Gemeinschaft ist, wie denn auch die Gemeinschaft von Sklave und Herr gerade hierauf begründet wird.[2]) Thomas aber sieht in jenem Ausdruck nur eine Bezeichnung dafür, dass im Hause die Menschen gemeinsame Mahlzeiten einnehmen und sich an demselben Feuer wärmen; unter den nicht alltäglichen Handlungen aber, um derentwillen die Stadt besteht, steht ihm an erster Stelle der Kauf.[3]) Dem entspricht, dass nach einer anderen Stelle[4]) die Familie nur den natürlichen Handlungen

---

Aristoteles nur auf den Grundbesitz (II, 2, 1 f. 1262b 40—1263a 14), obgleich er weiss, dass Plato selbst an anderer Stelle betont hatte, dass es neben diesem (aber wiederum nicht ohne ihn!) noch andere Teile des Vermögens gebe (II, 3, 8. 1265b 21—23). — Nur bei den Handwerkern kommt es gelegentlich vor, dass sie reich sind, ohne Grundbesitz zu haben (III, 3, 4. 1278a 24).

[1]) I, 1, 6. 1252b 13—15.

[2]) I, 1, 4. 1252a 30 ff.

[3]) Com. in Pol. I. lect. 1. pag. 369b: Ostendit, ad quod ordinetur communitas domus. Ubi considerandum est, quod omnis humana communicatio est secundum aliquos actus. Actuum autem humanorum quidam sunt quotidiani, sicut comedere, calefieri ad ignem et alia huiusmodi, quaedam autem non sunt quotidiana, sicut *mercari*, pugnare et alia huiusmodi. Naturale est autem hominibus, ut in utroque genere operum sibi communicent se invicem iuvantes. Et ideo dicit, quod nihil aliud est domus, quam quaedam communitas secundum naturam constituta in omnem diem, id est ad actus, qui occurrunt quotidie agendi. Et hoc manifestat consequenter per nomina. Quidam enim Charondas nomine nominat eos, qui communicant in domo, homositios, quasi unius pulmenti, quia communicant in cibo. Quidam autem alius nomine Epimenides, natione Cretensis, vocat eos homocapnos quasi unius fumi, quia sedent ad eundem ignem. — Lediglich eine Wiederholung des aristotelischen Ausdruckes ohne nähere Erklärung bietet S. th. II, 1. q. 105 art 4 c.

[4]) Siehe die Stelle S. 39 Anm. 3.

dient, dass man Nahrung zu sich nehme oder Kinder erzeuge, oder dass man in ihr volle Genüge höchstens auf dem Gebiete eines Handwerks finde, weil es ja zum Wesen des Hauses gehöre, dass in ihm nur immer ein Handwerk ausgeübt wird,[1]) während die Benutzung aller nötigen Gewerbe erst in der Stadt möglich ist. So hat für Thomas das Haus deshalb eine geringere wirtschaftliche Bedeutung als für Aristoteles, weil ihm eben die Gewährleistung vollständiger Bedarfsdeckung durchaus eine Funktion der Stadt geworden ist. Darum kann er nun aber auch die Normen nicht mehr verstehen, die jener für die Erwerbsthätigkeit des Hauses aufgestellt hat.

Zunächst fasst er hier[2]) die Lehre von der Aneignung des Bodenertrags überhaupt nicht als einen Teil der Erwerbslehre auf, sondern stellt sie dieser als eine selbständige Disziplin gegenüber. Die Erwerbslehre selbst aber betrachtet er von vornherein — wie übrigens schon die ihm vorliegende Uebersetzung gethan hatte — als Lehre vom Gelderwerb;[3]) Gelderwerb aber — darin stimmt Thomas mit Aristoteles überein — ist nur möglich auf dem Wege des Tauschverkehrs. Also muss es, wenn die aristotelische Unterscheidung der beiden Erwerbsarten beibehalten werden soll, einen natürlichen und notwendigen Erwerb geben, der auf dem Wege des Verkehrs erzielt wird.[4]) Diesen natürlichen und berechtigten Gelderwerb findet

---

[1]) Vergl. dazu: Com. in Pol. II. lect. 5, pag. 414^{a} (zu II, 2, 9. 1263^{b} 32 f.): Unde in tantum potest procedere unitas civitatis, quod iam non erit civitas; puta *si omnes sint unius artis et cohabitantes in una domo.*

[2]) Com. in Pol. I. lect. 6—9. In den folgenden Anmerkungen können wir als Belege natürlich nur eine kleine Auswahl der interessantesten Stellen geben.

[3]) Lect. 6. Für Aristoteles ist der allgemeine Begriff *κτητική* = *χρηματιστική* im weiteren Sinne; die korrelaten Unterbegriffe sind ihm: *ἡ περὶ τὴν τροφὴν ἐπιμέλεια* (1256^{a} 19) und *καπηλική* (1257^{b} 1) = *χρηματιστική* im engeren und gewöhnlichen Sinne des Wortes. Die lateinische Uebersetzung und Thomas aber verkennen den doppelten Gebrauch von *χρηματιστική*. Sie fassen daher possessiva allein als Oberbegriff und teilen sie in acquisitiva cibi etc. und pecuniativa, übersehen also, dass die berechtigte pecuniativa für Aristoteles eben mit der acquisitiva cibi etc. identisch ist.

[4]) Weil Thomas die acquisitiva cibi etc. ganz aus der Lehre von der pecuniativa ausscheidet, ist er gezwungen, an allen Stellen, wo Aristoteles auf sie zurückgreift (1257^{b} 17 ff.; 30 ff.; 1258^{a} 16 ff.; 34 ff.; 40 f.; 1258^{b} 12—21), zwei Arten von pecuniativa zu unterscheiden.

nun Thomas, in Anlehnung an jene aristotelischen Ausführungen,[1]) darin, dass „der Mensch Geld erwerbe aus den Gütern, die die Natur der Notdurft des Lebens darbietet“, nämlich einmal durch den Handel mit derartigen Dingen — der aber auch hier nur als interlokaler Handel in Betracht kommt —, andererseits durch den eignen Anbau solcher Produkte, die man dann verkaufen kann. Geld auf diese Weise zu gewinnen, ist natürlich und notwendig; natürlich, weil das Geld zum Austausch von Naturgütern erfunden worden ist, notwendig, weil kein Haushalt ohne Geld existieren kann.[2]) Deshalb ist die Gelderwerbskunde in diesem Sinne eine Hilfswissenschaft für die Lehre von der Haushaltung.

Es ist augenfällig, wie weit Thomas in diesen Ausführungen von der von Aristoteles aufgestellten Wirtschaftslehre sich ent-

[1]) Z. B. lect. 9, pag. 394^{a} (zu 1258^{b} 12 ff.): Dixit autem supra necessariam esse pecuniativam, per quam homo acquirit pecuniam ex rebus, quas natura ministrat ad necessitatem vitae. Huiusmodi autem ponit duas partes. Quarum prima est, secundum quam homo ex emtione et venditione talium rerum potest pecuniam acquirere. Et circa hanc partem dicit, quod pecuniativae sunt istae partes utiles, id est utilia quaedam documenta, ut homo sit expertus circa bona huiusmodi, quae ab hominibus possidentur, quae eorum sint maximi pretii, et ubi maximo pretio vendantur, et quomodo, puta quo tempore, vel secundum alias conditiones. Et exponit, de quorum bonorum possessione dicat: est enim quaedam possessio equorum et bovum et ovium et aliorum animalium. Oportet autem eum, qui ex his vult lucrari pecuniam, esse expertum, quae eorum sint maxime cara, et in quibus locis; quia alia istorum in aliis regionibus abundant, ut scilicet emat in loco, ubi abundant, et vendat in loco, ubi sunt cara. — Secunda autem pars huiusmodi possessivae est, ut homo acquirat copiam harum rerum venalium: quod quidem est per culturam terrae sive nudae hoc est absque arboribus, sicut sunt campi, in quibus seminatur triticum, sive plantatae, sicunt sunt vineae et horti et oliveta. Per huiusmodi enim culturam acquirit homo abundantiam tritici et vini et aliorum huiusmodi; et oportet etiam esse hominem expertum de cultura apum et aliorum animalium tam natatilium, scilicet piscium, quam volatilium, scilicet avium; a quibuscumque enim contingit acquirere auxilium ad vitam humanam; quia per eorum abundantiam potest fieri acquisitio pecuniarum. Sic ergo patet, quod istae sunt primae et propriissimae partes pecuniativae: et dicuntur primae et propriissimae, quia sic acquiritur pecunia ex rebus naturalibus, propter quas inventa est primo pecunia.

[2]) Daher mehrfach die Ausführung (in Erinnerung an 1256^{a} 5 ff.), dass die pecuniativa eine Hilfswissenschaft für die oeconomica sei. Z. B. pag. 391^{b} f. (zu 1258^{a} 20 ff.): et veritas est, quod non est eadem pecuniativa oeconomicae, ut supra dictum est, sed tamen ei subservit, *quia pecunias oportet existere ad hoc, quod domus gubernetur* . . . Sic igitur oeconomicae deservit et natura, quae generat homines et cibus, iterum *pecuniativa*, *quae acquirit*, sicut etiam arti textoriae diservit et natura, quae producit lanam, et *mercativa*, quae acquirit.

fernt. War für diesen jedes Streben nach Gelderwerb unsittlich, weil der natürliche Reichtum des Hauses in seinem, lediglich Gebrauchsgüter enthaltenden, Besitz dargestellt ist, so ist für Thomas gerade Geldbesitz eine notwendige Voraussetzung für die Existenz der Familie. Seine natürliche Grenze findet freilich auch für ihn der Reichtum darin, dass er eben nur den Unterhalt, die Deckung des Lebensbedarfs, ermöglichen soll, aber nicht mehr,[1]) - wohl entsprechend der Bedeutung des standesgemässen Auskommens, die wir früher kennen gelernt haben:[2]) in der sittlichen Beurteilung also stimmt Thomas mit Aristoteles überein; aber die wirtschaftliche Funktion des Besitzes ist ihm eine ganz andere geworden. Dem entspricht, dass, während für Aristoteles jeder Besitz Landbesitz war,[3]) Thomas gelegentlich den Satz aussprechen kann,[4]) dass die meisten Menschen keinen Landbesitz haben, sondern von einem „Geschäft" zu leben gezwungen sind, ein Satz, der, wenn auch für seine Zeit sicherlich ungeheuer übertrieben, doch wieder schlagend beweist, wie sehr sein Blick allein auf die städtischen Verhältnisse gerichtet ist, und wie wenig er vom Leben der agrarischen Bevölkerung weiss.[5]) Darum kann er nun natürlich, wie wir oben sahen, die aristotelische „Autarkie" des Hauses nicht verstehen; ihm ist vielmehr gerade der Verkehr die Grundlage jeder Bedarfsdeckung geworden. So zeigt sich schliesslich überall die Wirkung jenes zu Beginn dieses Kapitels dargelegten fundamentalen Unterschiedes, dass das Wirtschaftsleben, das er kennt und schildert, sich auf der Berufsgliederung aufbaut, während für Aristoteles die Institution der Sklaverei aller Bedarfs-

---

[1]) Z. B. pag. 390[b] (zu 1257[b] 28—31:) Sed pecuniae se habent ad pecuniativam campsoriam, sicut finis: haec enim intendit acquirere pecunias. Ad oeconomicam autem non se habent sicut finis, sed sicut ordinatum ad finem, qui est gubernatio domus; ergo pecuniativa quaerit pecunias absque termino, oeconomica autem cum aliquo termino.

[2]) Siehe oben Seite 48—50.

[3]) Siehe S. 55 f. Anm. 7.

[4]) S. th. II, 2. q. 87 art 2 ad 1: . . . Sed populus novae legis est undique per mundum diffusus; *quorum plurimi possessiones non habent, sed de aliquibus negotiis vivunt*, qui nihil conferrent ad subsidium ministrorum dei, si de eorum negotiis decimas non solverent.

[5]) Siehe oben Seite 41.

deckung zu Grunde lag.[1]) Das ist auch der tiefste Grund, warum er dessen Lehre vom einzig natürlichen und notwendigen Erwerb nicht mehr verstehen konnte.

Dem gegenüber ist es nun interessant zu sehen, wie er die andere Seite der aristotelischen Erwerbslehre im Kommentar relativ korrekt und richtig wiedergiebt. Er versteht nämlich, hierin wieder der ihm vorliegenden lateinischen Uebersetzung folgend,[2]) unter dem unnatürlichen und unsittlichen Gelderwerb das Wechselgeschäft, „das Geld aus dem Umsatz des Geldes selbst gewinnt" und nicht aus dem Umsatz natürlicher Gebrauchsgüter, und schliesst daran eine scharfe Verurteilung des Kreditgeschäftes, in der er die aristotelischen Ausführungen darüber vollständig und richtig wiedergiebt.[3]) Man sieht, dass auch für ihn das Geld- und Kreditgeschäft eine wirtschaftliche Bedeutung noch nicht hatte, wenn er natürlich auch weiss, dass es häufig genug vorkommt.

So zeigt die Interpretation, die Thomas für die aristotelische Erwerbslehre bietet, in allen Punkten wieder die Richtigkeit der obigen Charakterisierung seiner Wirtschaftslehre im all-

---

[1]) Siehe oben Seite 37 f.

[2]) Beide geben die *καπηλική* des Aristoteles durch campsoria wieder, wofür Thomas auch manchmal nummularia sagt.

[3]) Vergl. statt aller anderen Belege die Schlusszusammenfassung pag. 392^b (zu 1258^a 39^b—9): Positis duabus pecuniativis ostendit, quae earum sit laudabilis, et quae vituperabilis: et dicit, quod duae sunt pecuniativae, quarum una vocatur *campsoria, quae scilicet acquirit pecuniam ex pecuniis et propter ipsas pecunias;* alia autem pecuniativa est *oeconomica, quae scilicet acquirit pecunias ex rebus naturalibus*, puta ex fructibus et animalibus, ut dictum est: ista quidem secunda est necessaria ad vitam hominum, unde et laudatur; alia vero, scilicet nummularia, transfertur ab eo, quod est necessarium naturae ad id, quod requirit concupiscentia, ut supra dictum est, et ideo iuste vituperatur: non enim illa pecuniativa est secundum naturam, quia neque ex rebus naturalibus est neque ad supplendam necessitatem naturae ordinatur, *sed ex denariorum ad invicem commutatione;* in quantum scilicet homo denarios per denarios lucratur. Et cum ista pecuniativa, quae est nummularia, iuste vituperetur, quaedam alia acquisitiva pecuniae est, quae rationabilissime vituperatur et odio habetur: quae dicitur *foenus, per quod denarius se ipsum adauget*, et ideo sic vocatur. Videmus enim, quod ea, quae pariuntur secundum naturam, sunt similia generantibus; unde fit quidam partus, cum denarius ex denario crescit. Et ideo etiam ista acquisitio pecuniarum est maxime praeter naturam, quia *secundum naturam est, ut denarii acquirantur ex rebus naturalibus, non autem ex denariis.* Sic ergo una pecuniativa est laudabilis et duae vituperabiles, ut dictum est.

gemeinen: gerade hier hat sie durchaus ihre mittelalterliche Eigenart bewahrt. Was an den aristotelischen Ausführungen dem Altertum allein angehört, deutet sie um; worin Altertum und Mittelalter gegenüber der neueren Zeit zusammenstehen, das giebt sie richtig und ohne wesentliche Missverständnisse wieder. Der geldwirtschaftliche Verkehr der mittelalterlichen Stadt in seinem prinzipiellen Unterschiede sowohl von dem antiken Ideal verkehrsloser Wirtschaft, wie von den modernen Erscheinungen eines durchgebildeten Kreditverkehrs: das ist das Bild des Wirtschaftslebens, wie es Thomas kennt; hierauf allein beziehen sich alle im weiteren Verlaufe dieser Untersuchung zu besprechenden Erörterungen; hieran allein sind alle seine Betrachtungen über das Wesen und die Funktionen des Geldes, über Handel, Kredit und Gewinn, über Wert und Preis u. s. w. zu prüfen. Für die mittelalterliche Stadtwirtschaft allein sind alle seine wirtschaftspolitischen Normen bestimmt; auf diesem Boden allein können sie richtig gewertet werden.

Diese allgemeine Grundlage seiner Anschauung hat, wie wir sahen, selbst die Autorität des Aristoteles nicht zu verschieben vermocht, wenn sie ihn auch gelegentlich einmal das konkrete Bild seiner Zeit vergessen liess.[1]) In allen wesentlichen Punkten ist sein Verhältnis zu jenem doch dieses, dass nicht der Text des Aristoteles seine Vorstellungen bestimmt, sondern dass er seine, dem wirklichen Leben entnommenen Vorstellungen in jenen hineininterpretiert, dass er so mittelalterliches Wirtschaftsleben in die Worte des antiken Philosophen hineingelesen hat. Natürlich dürfen wir nicht annehmen, dass Thomas sich dieses Verhältnisses bewusst gewesen ist. Ihm stand vielmehr fest, dass er in allem, was er ausführte, die echten Gedanken seines „Philosophen" wiedergebe. Und thatsächlich ist der Begriffsvorrat, den er verwendet, durchaus von jenem entlehnt: auf ihn geht durchweg der Wortlaut der leitenden Sätze zurück, die wir gefunden haben; er hat die Begriffe des animal sociale, der sufficientia civitatis u. a. m. geliefert, an denen sich die Wirtschaftslehre des Thomas empor-

1) Siehe oben Seite 47.

rankt. Aber in der Zusammenstellung dieser einzelnen Elemente zu grösseren Gedankenreihen weicht er doch regelmässig wieder erheblich von ihm ab; diese grösseren Gedankenreihen als solche sind immer seine eigene Schöpfung. So stellt er sich schliesslich dar als formell wohl abhängig von Aristoteles, sachlich aber im wesentlichen doch bestimmt durch die Zustände seiner Zeit.

Drittes Kapitel.

Die Arbeit.

§ 1. Die freie Arbeit.

Die Organisation des Wirtschaftslebens, die uns das vorige Kapitel in kurzen Zügen geschildert hat, ruht, wie wir sahen nach Thomas auf dem Satze, dass der Mensch arbeiten muss, um zu leben: die Verpflichtung zur Arbeit, die ihm schon mit der ursprünglichen Ausstattung mit Vernunft zugleich gegeben worden ist, ist wirtschaftlich der eigentlich charakteristische Unterschied zwischen ihm und dem Tier.[1]) Daher ist sie schon dem ersten Menschen auferlegt worden, als ihm das Paradies gegeben wurde, „dass er es bewache und bebaue" (1. Mos. 2, 15): nur würde die Arbeit im Stande der Unschuld, wie Thomas mit der ganzen Kirche hinzufügt, nicht wie heute, beschwerlich und lästig, sondern nur heiter und angenehm gewesen sein.[2])

Gehört somit die Verpflichtung zur Arbeit mit zur Naturausstattung des Menschen, so kann doch immer noch die Frage entstehen, ob sie sich nur auf die Gattung als solche oder auch auf jedes einzelne Individuum beziehe. Ein Wort des Paulus, das dieser unter ganz bestimmten Verhältnissen einer seiner macedonischen Gemeinden zugerufen hatte, konnte, wenn man es als absolute Norm fasste, wohl in letzterem Sinne verstanden werden: „Wer nicht arbeiten will, soll auch nicht

---

[1]) Siehe oben Seite 32.

[2]) Sent. II dist. 17, q. 3 art 2 ad 7: Ad septimum dicendum, quod in statu innocentiae non fuisset agricultura laboriosa, sicut est in statu peccati, sed delectabilis ex consideratione divinae providentiae et naturalis virtutis. — Ebenso S. th. I q. 102 art 3 c.

essen" (2. Thess. 3, 10), d. h. die Arbeit, und zwar die körperliche Arbeit allein ist die rechtmässige Quelle des Erwerbs. So verstanden thatsächlich zu Thomas' Lebzeiten die Gegner der Bettelmönche jenes Wort und erblickten darin allein schon eine Verurteilung der Art und Weise, wie diese ihren Lebensunterhalt suchten; zugleich wiesen sie aber auch darauf hin, dass schon der heilige Augustin auf Grund jenes Spruches den Mönchen, soweit sie nicht zugleich Kleriker seien, die Erwerbsarbeit zur Pflicht gemacht habe.[1]) So musste eine erneute Interpretation des paulinischen Wortes für Thomas eine der wesentlichsten Aufgaben sein, die seine Zugehörigkeit zu einem Bettelorden ihm stellte.

Thatsächlich kommt er auch sehr oft auf diese Streitfrage zu sprechen.[2]) Von dem, was er zu ihrer Lösung vorbringt, interessieren uns hier zunächst natürlich nur die allgemeinen Gedanken über die Verpflichtung zur Arbeit überhaupt, während wir ihre Anwendung auf die Lebensweise der einzelnen Orden erst im dritten Hauptteil dieser Untersuchung näher erörtern werden. — Zur Erklärung jenes paulinischen Spruches sucht nun Thomas zunächst festzustellen, auf welche Art körperlicher Arbeit er sich beziehe. Er unterscheidet nämlich — in Anlehnung an paulinische Worte[3]) und in Einklang mit der traditionellen Ethik der Kirche[4]) — drei Zwecke[5]), um derentwillen

---

[1]) Siehe eine Zusammenstellung dieser und ähnlicher Argumente: contra impugnantes etc. c. 2.

[2]) Quaest. quodl. VII art 17 u. 18. Contra impugnantes etc. c. 5. S. th. II, 2. q. 187 art 3: Utrum religiosi manibus operari teneantur? Ausserdem: In Ep. ad Eph. IV, lect. 9 und In II. Ep. ad Thessal. III. lect. 2 (ed. Parm. tom. 13).

[3]) Eph. 4, 28. I. Thess. 4, 11. II. Thess. 3, 10.

[4]) Siehe Uhlhorn a. a. O. S. 79, 210—214. — Luthardt I, 208.

[5]) Quaest. quodl. VII art 17: Utrum operari manibus sit in praecepto? Respondeo dicendum, quod iudicium de unaquaque re sumendum est secundum finem, ad quem ordinatur. Labor autem manuum ad tria esse utilis invenitur: primo ad otium tollendum .... secundo ad corpus domandum ...., tertio .... ad quaerendum victum .... Secundum autem quod ordinatur ad victum quaerendum, sic videtur esse in praecepto, nec solum in praecepto iuris positivi, sed etiam iuris naturalis .... (Siehe S. 34 Anm. 5). Sciendum tamen est, quod duplex est praeceptum legis naturae: quoddam, quod ordinatur ad tollendum defectum unius singularis personae vel spirituale, sicut de actibus virtutum, vel corporale (1. Mos. 2, 10); quoddam vero est, quod ordinatur ad tollendum defectum totius speciei 1. Mos. 1, 28). Hoc autem interest inter haec duo genera praeceptorum, quia primus praeceptum legis naturae quilibet tenetur singulariter observare, sed ad

man überhaupt arbeite, nämlich erstens um den Müssiggang zu vermeiden, der ja die Quelle aller Laster ist, zweitens um den Leib zu kasteien, und drittens zur Beschaffung des nötigen Lebensunterhaltes. Unter den beiden ersten Gesichtspunkten aber kann körperliche Arbeit nicht unbedingt befohlen werden, weil es ja neben ihr noch viele andere Mittel giebt, die jene Dienste auch leisten können; also bezieht sich jenes Gebot nur auf die Arbeit, die zur Beschaffung des Lebensunterhaltes dient. Hier aber, so folgert Thomas weiter, ist sie nicht nur nach göttlichem, also positivem Rechte, sondern auch nach Naturrecht geboten; den Beweis, den er dafür aus der Naturausstattung des Menschen führt, haben wir schon früher kennen gelernt. Gerade daraus aber, dass die Verpflichtung zu körperlicher Arbeit auch nach Naturrecht besteht, schliesst er nun, dass sie nur die Gattung als solche, nicht aber jeden einzelnen angehe. Er scheidet nämlich unter den Geboten des Naturrechts zwischen solchen, die, wie Essen und Trinken oder Tugendübung, sich auf jedes einzelne Individuum beziehen, und solchen, die, wie z. B. das Wort: „Seid fruchtbar und mehret euch“, nur die Gattung als solche betreffen. Zu diesen letzteren gehört nun die Arbeit deshalb, weil bei ihr die

---

secundum praeceptum non tenetur quilibet singulariter. In his enim, quae pertinent ad speciem, omnes homines computandi sunt quasi unus homo: participatione enim speciei plures homines sunt unus homo, ut dicit Porphyrius in cap. de specie . . . . (S. oben S. 34 Anm. 6.) Quia ergo labore manuum aliquis potest subvenire et proprio defectui et alieno, cum non possit unus homo in omnibus sibi sufficere, sed indiget alieno auxilio, patet, quod praeceptum de labore manuum quodam modo sub utroque genere praedictorum praeceptorum continetur. In quantum enim labore manuum unius subvenitur necessitatibus aliorum, sic pertinet ad secundum genus naturalium praeceptorum; in quantum autem per hoc aliquis suis necessitatibus subvenit, pertinet ad primum genus, sicut praeceptum de comedendo. Praeceptum autem, quod ordinatur ad tollendum defectum corporalem, non obligat nisi defectu existente; unde si esset aliquis, qui posset vivere sine cibo, non obligaretur praecepto de comedendo. Sic ergo praeceptum de labore manuum non obligat aliquem singulariter, secundum quod ordinatur ad tollendum defectum aliquem communem aliquo modo neque secundum quod ordinatur ad tollendum proprium nisi defectu existente; et ideo, qui habet, unde licite vivere possit, non tenetur manibus operari; qui autem non habet, unde alias vivat, vel nisi aliquo illicito negotio victum acquirat, tenetur manibus laborare. — Ebenso Contra impugn. c. 5 und S. th. II, 2. q. 187 art 3c, wo nur die Reihenfolge, in der die drei Zwecke der Arbeit besprochen werden, umgekehrt ist und als vierter Zweck noch das Almosengeben (nach Eph. 4, 28) eingeführt wird.

Menschen von vornherein auf gegenseitige Unterstützung angewiesen sind, „da unmöglich ein Mensch allein in allem sich volle Genüge verschaffen könnte“. Also durch die Arbeitsteilung, die von vornherein in der Gesellschaft herrscht, wird es möglich, dass nicht alle einzelnen körperliche Arbeit zu leisten brauchen, sondern dass sie auch durch andere Thätigkeiten rechtmässig ihr Brot verdienen können.

Diese Lösung, die ja dem Wortlaut des paulinischen Satzes widerspricht, wird dann dadurch mit ihm ausgeglichen [1]), dass unter „Handarbeit“ jede körperliche und schliesslich auch jede geistige Bethätigung überhaupt verstanden wird, soweit sie Unterlage eines rechtmässigen Erwerbs sein kann, wodurch denn freilich jener Satz eine leere Tautologie wird.

So ist es also die fundamentale Bedeutung der Berufsgliederung, auf die wir auch hier stossen; sie ermöglicht, dass in der Gesellschaft auch geistige Thätigkeiten Quelle eines rechtmässigen Erwerbs sein können. Wir haben gelegentlich schon darauf hingewiesen, wie fern Aristoteles noch einer derartigen Anschauung stand: wie für ihn überhaupt der Verkehr nur eine untergeordnete Bedeutung besass, so schien ihm erst recht der verkehrsmässige Erwerb auf Grund geistiger Thätigkeit eine lediglich aus unsittlichen Motiven stammende Erscheinung zu sein.[2]) Und weil das „Haus“, das nach ihm zur Befriedigung aller wirtschaftlichen Bedürfnisse ausreichen sollte, zur Erledigung der nötigen Arbeiten über genügende Sklaven verfügte, so hielt er jede körperliche Arbeit überhaupt für Sklavenwerk und für unwürdig des freien Staats-

[1]) Quaest. quodl. a. a. O.: Sciendum etiam est, quod sicut visus est principalior inter alios sensus, ratione cuius omnes alii sensus nomen visus sortiuntur, ut Augustinus dicit, ita manus, quia ad plurima opera necessaria est, dicitur organum organorum (Arist. de an. c. 3) et ideo per operationem manualem intelligitur non solum, quod manibus fit, sed quocunque corporali instrumento; et breviter *quodcunque officium homo agit, de quo licite possit victum acquirere, sub labore manuum comprehenditur*. Non enim videtur rationale, quod magistri artis mechanicae possint vivere de arte sua, et magistri artium liberalium non possint vivere de arte sua. Similiter et advocati possunt vivere de patrocinio, quod praestant in causis; et similiter est de omnibus aliis licitis occupationibus. — Ebenso S. th. a. a. O., wo als Beispiele vigiles, cursores et alii huiusmodi genannt werden.

[2]) Siehe oben Seite 36.

bürgers.[1]) Die ganze Tiefe des Unterschiedes der wirtschaftlichen Anschauung bei ihm und bei Thomas offenbart sich eben darin, dass dieser auch jeden in körperlicher Arbeit bestehenden Beruf zu schätzen weiss als Dienstleistung, als „Amt", das dem einzelnen von der Gesamtheit übertragen worden ist.[2]) Dieser Unterschied ist nun aber um so mehr zu betonen, je mehr andererseits doch auch nicht zu verkennen ist, dass in der vergleichenden Wertschätzung körperlicher und geistiger Arbeit Thomas sich ganz von Aristoteles hat leiten lassen. Wohl giebt er da gelegentlich zu,[3]) dass die „mechanischen Künste" für die Existenz des Menschen zunächst notwendiger sind als die geistigen; aber das hat auch Aristoteles gewusst. Und zugleich eignet sich doch auch Thomas das Urteil an, dass diese vornehmer sind als jene. So hält er überhaupt das Leben, das ihnen gewidmet ist, für vollkommener, die Glückseligkeit, die sie gewähren, für reicher als die, die körperliche Arbeit gewähren kann.[4]) Und wie er in dieser allgemeinen Wertschätzung des „beschaulichen" Lebens sich durchaus an Aristoteles anschliesst,[5]) so folgt er dem griechisch-römischen Sprachgebrauch auch darin, dass er die geistige Arbeit als die „freien Künste", die körperliche als „Sklavenwerke" bezeichnet. Allerdings ist er in der Deutung dieser Ausdrücke nicht konsequent; so meint er gelegentlich, dass diese jenen Namen deshalb tragen, weil der Leib der Sklave der Seele ist;[6]) oder er deutet, gemäss der von Aristoteles

---

[1]) Z. B. Pol. V, 2, 1. 2. 1337^b 8—21 und unten S. 77 f.

[2]) Siehe oben Seite 34 f. und 53. Der Begriff officium findet sich auch an den beiden S. 66 Anm. 1 genannten Stellen.

[3]) Quaest. quodl. VII art 17. Obiec. 5: Praeterea, usus liberalium artium nobilior est quam mechanicarum, qui in opere manuali consistit. Sed usus liberalium non est in praecepto. Ergo etc. — *Ad quintum* dicendum, quod quamvis usus liberalium artium sit nobilior, non tamen ita est necessarius ad vitam corporis sustentandam, et praeterea sub operatione manuum comprehenditur, sicut ex dictis patet etc.

[4]) S. th. II, 1. q. 3 art 5; II, 2. q. 182.

[5]) Siehe die Zusammenstellung bei Zeller[3] II, 2. S. 613 f.

[6]) S. th. II, 1. q. 57 art 3 ad 3: . . . et ideo quicumque ad huiusmodi opera rationis habitus speculativi ordinantur, dicuntur per quamdam similitudinem artes, scilicet liberales, ad differentiam illarum artium quae ordinantur ad opera per corpus exercita, quae sunt quodammodo *serviles, in quantum corpus serviliter subditur animae, et homo secundum animam est liber.*

übernommenen Definition der Sklaverei, die „freien" Künste als solche, die lediglich um ihrer selbst willen gesucht werden, während „Sklavenwerke" die sind, die einem andern Zwecke dienen;[1]) oder jene sind ihm die Thätigkeiten, zu denen der Mensch nicht gezwungen werden kann, wie Denken u. s. w., während leibliche Handlungen sich auch durch Zwang erreichen lassen.[2]) Neben diesen Umdeutungen aber ist bei ihm doch auch, und nicht ganz vereinzelt, zu lesen, dass körperliche Arbeiten deshalb Sklavenwerke heissen, weil sie thatsächlich nur von Sklaven verrichtet werden.[3]) Diese Erklärung aber widerspricht direkt der Auffassung, die er sonst darüber hat. Wie sie für ihn überhaupt nur denkbar geworden ist, wird uns der nächste Paragraph zeigen; schon hier aber müssen wir feststellen, dass Thomas bei der Vergleichung körperlicher und geistiger Arbeit den Worten des Aristoteles doch mehr gefolgt ist, als es ihm möglich gewesen wäre, wenn er überhaupt systematisch über diese Dinge nachgedacht hätte.

Um so charakteristischer aber ist es nun, dass er doch in dem Urteil über die einzelnen arbeitenden Klassen wieder erheblich von Aristoteles abweicht. Dieser hat bekanntlich, veranlasst durch die demokratische Verfassung Athens, die auch den Handwerkern und Tagelöhnern das Bürgerrecht verliehen hatte, sein allgemeines Urteil über die körperliche Arbeit besonders scharf auf diese Klassen angewendet. Für ihn sind sie ihrer Natur nach doch nur Sklaven, was ja auch die Art ihrer Arbeit — es handelt sich hier lediglich um das Betriebs-

[1]) Com. in. Metaphys. I. lect. 3 (tom. 20 pag. 256): Servi enim dominorum sunt et propter dominos operantur et eis acquirunt, quicquid acquirunt; liberi autem homines sunt sui ipsorum, utpote sibi acquirentes et operantes. Sola autem haec scientia est propter se ipsum (nämlich die speculativa), ergo ipsa sola est libera inter scientias . . . . . Solum hoc genus scientiarum propter se ipsum quaeritur; unde et illae solae *artes liberales* dicuntur, quae ad sciendum ordinantur, illae vero, quae ordinantur ad aliquam utilitatem per actionem habendam, dicuntur *mechanicae sive serviles.*

[2]) In duo praecepta etc. pag. 105: Opus autem servile est opus corporale; nam opus liberum est animae, sicut intelligere et huiusmodi, ad quod opus homo constringi non potest.

[3]) Siehe die Belege unten S. 79 Anm. 2; S. 81 Anm. 2 u. 3; S. 90 Anm. 3.

system des Lohnwerks bestätigt.[1]) Wenn sie also auch für den Staat unentbehrlich sind, so dürfen sie doch keine vollberechtigten Bürger sein. Früher waren sie es jedenfalls nirgends, und in den meisten Staaten sind sie es auch jetzt noch nicht; nur die äusserste Demokratie hat sie dazu gemacht. Der „beste Staat" würde sie etwa ähnlich halten wie die Sklaven oder die Freigelassenen.[2]) Auch ihre geistig-sittliche Verfassung entspricht durchaus der der Sklaven: Tugend oder Glückseligkeit ihnen zuzusprechen, wäre lächerlich;[3]) sie sind überhaupt geistig unnormal veranlagt.[4])

Diese Ausführungen eignet sich nun Thomas im Kommentar[5]) dem Wortlaut nach durchweg an; aber er pflegt sie doch nicht mehr auf alle Handwerker als solche zu beziehen. Die Erörterung über ihre staatsrechtliche Stellung z. B.[6]) überträgt er ganz auf die „gemeinen Handwerker", nämlich die Lohnarbeiter, „die nicht am Stadtregiment teilhaben" und doch dauernd in der Stadt wohnen; diese Leute waren seiner Ansicht nach früher wirklich in manchen Städten Sklaven und sind es vielfach noch heute.[7]) Auf die Lohnarbeiter allein bezieht er auch die Ausführungen, die Aristoteles in der früher

[1]) Pol. I, 5, 10. 1260ª 39 ff.; III, 3, 3. 1278ª 11—13. — Zum Betriebssystem vergleiche noch I, 4, 2. 1258ᵇ 25—27; V, 2, 1. 2. 1337ᵇ 13—20.

[2]) Pol. III, 2. 9. 1277ᵇ 1—3; 3, 1. 2. 1277ᵇ 38—1278ª 9.

[3]) Pol. I, 5, 10. 1260ª 36 ff.; II, 2, 16. 1264ᵇ 22 f.; III, 3, 2. 3. 1278ª 9—11. 20 f.; IV, 8, 2. 1328ᵇ 40 f.; 8, 5. 1329ª 19 f.; V, 2, 1. 1337ᵇ 8—15.

[4]) Pol. V, 7, 7. 1342ª 22 ff.

[5]) Aus dem Kommentar kommen hier vor allem in Betracht: I lect. 9 pag. 394 (zu 1258ᵇ 25 f.); lect. 11 pag. 400 (zu 1260ª 39 ff.); III lect. 4 pag. 460 ff. (zu III, 3. 1277ᵇ 33 ff.). Natürlich können wir im folgenden nur eine kleine Auswahl der charakteristischsten Wendungen wiedergeben.

[6]) pag. 460: Dicit ergo primo, quod circa civem adhuc remanet quaedam dubitatio: utrum scilicet ille solus sit civis, qui potest communicare in principatu civitatis; an etiam *viles artifices* sint ponendi cives, *quos non contingit communicare in principatu.* Et obiicit ad utramque partem: quia si *mercenarii* dicantur cives, *ad quos nihil pertinet de civitatibus,* sequetur, quod virtus, quam diximus esse boni civis, ut scilicet possit bene principari et subiici, non pertineat ad omnem civem . . . . . : remanebit dubium, in quo genere sint ponendi *mercenarii.* Non enim potest dici, quod sint advenae, quasi aliunde venientes ad habitandum in civitate; neque quod sint peregrini, sicut viatores, qui propter aliquod negotium ad civitatem veniunt, non causa manendi. *Huiusmodi* enim *artifices* et mansionem in civitate habent, et in civitate sunt nati, non advenientes aliunde.

[7]) pag. 461: Unde in antiquis temporibus viles artifices, et etiam peregrini, apud quasdam civitates erant servi, sic etiam et modo multi sunt tales.

besprochenen Erwerbslehre über die Handwerker im allgemeinen gemacht hatte:[1]) sie scheidet er daher in gelernte, z. B. Köche, und ungelernte, z. B. ländliche Tagelöhner. An ihre Arbeit denkt er zumeist, wenn er die Worte seines Meisters über banausische und sklavische Arbeiten liest; wenigstens nimmt er die eigentlichen Handwerker ausdrücklich davon aus.[2]) Dem entspricht, dass er die „Lohnarbeiter und schmutzigen Leute" gelegentlich zusammennennt.[3])

So bestehen für ihn die Handwerker aus zwei ganz verschiedenen Gruppen: aus den „gemeinen" Handwerkern oder Lohnarbeitern, und den eigentlichen Handwerksmeistern. Alles, was Aristoteles über Handwerker und Tagelöhner zugleich gesagt hatte, wird auf jene übertragen; wo er zwischen beiden geschieden hatte, da wird entweder, wie wir bereits gesehen haben, noch eine Scheidung der Lohnarbeiter in gelernte und ungelernte vorgenommen,[4]) oder es wird das relativ anerkennende Urteil auf die Handwerksmeister und nur das tadelnde auf die Lohnarbeiter bezogen:[5]) hier erscheinen diese dann als die armen Schlucker, die auch durch ein langes Leben hin-

---

[1]) pag. 394: Tertia pars est mercenaria, sicut eorum, qui labores suos locant pro mercede pecuniarum. In hac est quaedam differentia: quia quaedam mercenaria fit per artes utiles, sicut est ars coquorum et huiusmodi ministeriorum. Quaedam autem fit per labores non artificiales, et qui sunt utiles soli corpori et in quibus etiam solum corpus est utile; sicut illi, qui mercede conducuntur ad fodiendum in agro vel ad aliquid aliud huiusmodi.

[2]) pag. 394 (zu I, 4, 3. 1258b 35 ff.): Operationes, quarum effectus parum subiacent fortunae, sunt maxime artificiales, sicut *fabrorum et aliorum artificum*. Illae autem operationes sunt maxime abiectae et viles, quibus corpora maxime maculantur, sicut sunt *coquorum* et eorum *qui*, *purgant plateas* et aliorum huiusmodi. Illae autem operationes sunt maxime serviles, ubi maior pars usus est ex parte corporis et parum ex parte rationis; sicut eorum, *qui deferunt onera*, et *cursorum* et huiusmodi. Illae autem sunt ignobilissimae inter omnes, ad quos requiritur minimum de virtute vel animi vel corporis; sicut in aliquibus praedictarum apparet.

[3]) pag. 461 (zu III, 3, 3. 1278a 11—13): si autem haec ministeria exhibeant communiter quibuscunque, hoc pertinet ad mercenarios et sordidas personas, quae serviunt quibuscunque pro pecunia.

[4]) Siehe oben Anm. 1.

[5]) pag. 461 (zu 1278a 21—28): Sed in statu paucorum *mercenarii* quidem non possunt esse cives, quia in huiusmodi politiis assumuntur aliqui ad principatus propter diuturnos honores praecedentes et divitias. Unde non de facili potest contingere, quod mercenarii ad honores assumantur, qui vix per totam vitam suam tantum possunt congregare, unde divites fiant. . Sed *artifices* in talibus politiis possunt esse cives et principes, quia multi artifices cito ditantur, et ita possunt

durch kaum etwas erübrigen können, während von jenen viele schnell zu Vermögen kommen. Mit der Armut der Lohnarbeiter wird auch sonst gelegentlich eine Bestimmung des alttestamentlichen Gesetzes begründet.[1]) — Der Grund aber, warum Thomas die aristotelischen Worte in dieser Weise interpretiert, liegt lediglich darin, dass die Wirklichkeit ihm eine gänzlich andere Anschauung bot, als sie Aristoteles gekannt hatte. Waren für diesen noch alle Gewerbetreibenden nur „Lohnwerker"[2]) gewesen und hatte er sie deshalb den Sklaven noch ziemlich gleichstellen können, so kannte die Zeit des Thomas neben derartigen „Lohnwerkern" doch auch eine stattliche Zahl von „Handwerks"-meistern, für die ein Vergleich mit Sklaven jeden Sinn verloren hatte. So versteht also Thomas die Worte des Aristoteles ganz richtig, wenn er sie nur auf jene niederen Lohnwerker bezieht; aber der Sinn dieser Ausführungen musste sich notwendig ändern, weil eben die Bedeutung der Leute eine andere geworden war, auf die sie sich beziehen.

Während somit Thomas wenigstens den eigentlichen Handwerkern wesentlich freundlicher gegenübersteht als Aristoteles, so liegt nun bei dem Urteil über die Bauern die Sache gerade umgekehrt. Wohl fallen ja auch diese für Aristoteles unter das allgemeine Urteil über die arbeitende Bevölkerung, dass sie nämlich keine Tugend und kein politisches Verständnis haben können, und dass auch sie daher im besten Staate Sklaven oder Periöken sein werden.[3]) Aber trotzdem werden sie doch bedeutend günstiger beurteilt als die Handwerker. Schon ihre Thätigkeit an sich gehört zu den naturwüchsigen, ursprüng-

propter divitias in statu paucorum assumi ad principatus, cum per aliquod tempus ab artificiis se abstinentes, postquam fuerint ditati, honorabilem duxerunt vitam etc.

[1]) S. th. II, 1. q. 105 art 2. ad 6: Ad sextum dicendum, quod mercenarii, qui locant operas suas, pauperes sunt, de laboribus suis victum quaerentes quotidianum; et ideo lex provide ordinavit, ut statim eis merces solveretur, ne victus eis deficeret. Sed illi, qui locant alias res, divites esse consueverunt, nec ita indigent locationis pretio ad suum victum quotidianum; et ideo non est eadem ratio in utroque.

[2]) Die Ausdrücke „Lohnwerker" und „Handwerker" sind hier in der durch Bücher festgelegten Bedeutung gebraucht worden. Siehe „Entstehung der Volkswirtschaft" 2. Aufl., S. 141 ff., 149 ff.

[3]) Pol. IV, 8, 2. 5. 1329a 1 f.; 24—26; 9, 9. 1330a 25—30.

lichen Erwerbsarten, während die Lohnarbeit der Handwerker zu den widernatürlichen zu rechnen ist.[1]) Ihre Vermögensverhältnisse ferner sind geregelt; wenn sie auch keinen Ueberfluss haben, so haben sie doch auf ihren Gütern genug zum Leben, wenn sie arbeiten; sie gehören jedenfalls nicht zu den Armen, zu denen die Handwerker doch meist gerechnet werden müssen. Darauf beruhen auch alle politischen Vorzüge, die Aristoteles ihnen zuschreibt, und die ihn zu dem Satze veranlassen, dass die Demokratie, die sich auf die Bauern stützt, immer noch die beste sei, dass sie der Aristokratie wenigstens am nächsten komme.[2])

Wir wissen nun nicht, wie sich Thomas im Kommentar zu diesen Ausführungen verhalten haben würde, da die hierher gehörigen Bücher desselben nicht mehr von ihm selbst verfasst worden sind;[3]) aber wir können doch aus einigen Andeutungen entnehmen, dass er im ganzen jedenfalls das günstige Urteil des Aristoteles nicht geteilt hat. Wie er die Landbevölkerung beurteilt, haben wir ja schon früher erfahren:[4]) sie ist zu arm, als dass sie in einer Stadt leben könnte, was doch für Menschen das einzig Natürliche ist; sie ist somit eine Ausnahme, die nicht zur normalen menschlichen Gesellschaft gehört. — Aber auch den Teil der städtischen Bevölkerung, der sich von Ackerbau nährt, und dessen Notwendigkeit ja schon in der Forderung der autonomen Nahrungsmittelversorgung der Stadt liegt, vermag er doch nicht sonderlich zu schätzen: er stellt ihn mehrfach als die unterste Klasse der städtischen Bevölkerung hin.[5]) Und es ist charakteristisch, dass er bei jener Ausführung über die Autonomie der Stadt wohl das Urteil über die Händler

[1]) I, 3, 4 f. 1256ª 38 ff.

[2]) VI, 5, 3. 1292ᵇ 22—33; VII, 2, 1—8. 1318ᵇ 9—1319ª 39.

[3]) Siehe oben Kapitel I, S. 24.

[4]) Siehe oben S. 40 Anm. 1.

[5]) Com. in Pol. II, lect. 3. pag. 408ᵇ (zu 1262ª 40—ᵇ 2): Et dicit quod ista lex Socratis de communitate uxorum et filiorum, magis est utilis *agricolis et aliis infimae conditionis hominibus*, quam custodibus civitatis, id est principibus civitatis, et aliis magnis viris, qui agunt curam de rebus communibus civitatis. — Ebenso lect. 4 pag. 411 (zu 1263ª 8—14): Non enim esset possibile, quod omnes cives colerent agros: oporteret enim maiores maioribus negotiis intendere, *minores autem agriculturae:* et tamen oporteret, quod maiores, qui minus laborarent circa agriculturam, plus acciperent de fructibus etc.

aus Aristoteles herübernimmt, nicht aber das über die Bauern, das an dieser Stelle doch sehr am Platze gewesen wäre; statt dessen greift er vielmehr auf einen bei jenem in ganz anderem Zusammenhang stehenden Satz zurück, um die Schädlichkeit grosser Menschenansammlungen in einer Stadt zu beweisen.[1]) Schliesslich zeigt schon die geringe Beachtung, die er agrarischen Verhältnissen überhaupt zu teil werden lässt, einen wie geringen Wert er diesem Teile der Bevölkerung zugeschrieben hat. — Der Grund für diese Verschiebung des Urteils ist natürlich auch hier wieder nur in den veränderten wirtschaftlichen Verhältnissen zu suchen: weil die bäuerliche Bevölkerung, wenigstens in Italien, verarmt und von der städtischen abhängig geworden war — wir dürfen hier wohl vor allem an die bekannte Erscheinung des Teilbaues erinnern —, darum kann das relative Lob des Aristoteles auf sie nicht mehr bezogen werden. So ist es schliesslich wieder der spezifisch städtische Charakter des spät mittelalterlichen, und namentlich des italienischen Wirtschaftslebens, der dem Thomas auch bei seiner Beurteilung der arbeitenden Klassen vorgeschwebt hat.

Und doch ist nicht zu verkennen, dass er von den Einzelheiten der gewerblichen oder agrarischen Arbeit eine klare Vorstellung nicht gehabt hat; über diese spricht er überhaupt nicht, und was er von jener weiss, erkennen wir aus einer Reihe von Ausführungen, die sich sämtlich an den Begriff des architector oder der ars architectonica anschliessen, und auf die wir noch einen kurzen Blick werfen müssen. Thomas hat diesen Begriff von Aristoteles entlehnt, der damit jeden bezeichnet, der irgendwie Anweisungen für andere giebt, der also die geistige Leitung bei einer Sache hat, schliesslich überhaupt jeden, der nicht nur praktische, sondern auch wissenschaftliche Kenntnis irgend eines Gebietes besitzt.[2]) Thomas dagegen übersetzt das Wort regelmässig mit principalis artifex, bezieht es also

[1]) Siehe oben S. 45 f. Anm. 2 und die dazugehörigen Bemerkungen S. 46 f. Anm. 1.

[2]) Z. B. Pol. I, 2, 5. 1253^b 39; 5, 7. 1260^a 18 f.; III, 6, 8. 1282^a 3 f. Im Mittelalter wird das Wort sonst wenig gebraucht und immer nur in der Bedeutung Baumeister. Siehe Ducange s. v.

immer auf das Gewerbe; er versteht darunter im allgemeinen denjenigen, der den ausführenden Handwerkern die Anweisung giebt, wie sie das Produkt nach Materie und Form zweckmässig fertigstellen sollen, sich selbst aber an der materiellen Produktion nicht beteiligt.[1]) Es liegt nun schon im Worte, und er selbst deutet es oft an, dass er dabei meist an den Handwerksmeister denkt, dessen Verhältnis zu seinen Gesellen er sich wie das eines Fürsten zu seinen Unterthanen vorstellt. Der Meister leitet und ordnet an, die Gesellen verrichten allein die materielle Arbeit;[2]) er braucht sie eben, weil die Instrumente sich nicht von selbst in Bewegung setzen können, wie Thomas mit einem aristotelischen Worte sagt.[3]) Manchmal freilich bezieht er die Stellung des architector nicht auf die Organisation der Arbeit in der einzelnen Werkstatt, sondern auf die der Gewerbe überhaupt: die „architektonische Kunst" ist ihm dann die, die den andern als ihren Dienern befiehlt, der die andern, wie wir sagen würden, die nötigen Hilfsprodukte liefern.[4]) So mag es

[1]) In Isaiam c. 3 (tom. 14 pag. 441 ad Jes. 3, 3): Utiles autem sunt aliqui principibus ..... ad facienda aedificia, et ideo dicit: Sapientem de architectis! ab archos, quod est princeps, et tecti, quod est ars et praecipue mechanicarum. *Unde architector dicitur principalis artifex, qui praecipit artificibus inducere formam et praeparare materiam secundum considerationem finis*, cuius scientia habet usum per actionem. — Trotz dieser Uebersetzung braucht Thomas in seinen Kommentaren das Wort gelegentlich auch in echt aristotelischem Sinne ohne Bezugnahme auf die Gewerbe, z. B. Com. in Eth. I, lect. 1 pag. 3[b]; lect. 2 pag. 5[a] etc. — Com. in Pol. I, lect. 1 pag. 367[a] etc.

[2]) Com. in Pol. I, lect. 10 pag. 398 (zu I, 5, 7. 1260[a] 18 f.): Sicut enim principalis artifex dirigit et imperat *ministris artis, qui manu operantur*, princeps dirigit suos subiectos; et ideo habet officium rationis, quae se habet similiter, ut principalis artifex ad inferiores partes animae. — Ebenso: Com. in Metaphys. I, lect. 1 (tom. 20 pag. 251 f.): expertus est sapientior eo, qui solum habet sensum sine experimento; et artifex est sapientior experto quocunque; *et inter artifices architector est sapientior manu artifice.* Et inter artes etiam et scientias speculativae sunt magis scientiae quam activae. — Ebenso Quaest quodl. I. art 14 c; contra impugn. c. 7 pag. 41[b] (.... sapiens architector, qui manibus non laborat et alios dirigit) u. a. m.

[3]) Com. in Pol. I, lect. 2 pag. 374 (zu I, 2, 5. 1253[b] 38): .... et ad hoc indigemus ministris et servis; principales enim artifices, qui architectores dicuntur, non indigerent ministris, neque domini domorum indigerent servis, si unumquodque instrumentum posset ad imperium domini, agnoscens ipsum, perficere opus suum.

[4]) Com. in Metaphys. V, lect. 1 (tom. 20 pag. 381): Tertium exemplum ponit in artificialibus, quia artes etiam simili modo principia esse dicuntur artificiatorum, quia ab arte incipit motus ad artificii constructionem. Et inter has maxime dicuntur principia architectonicae, quae a principio nomen habent, id est principales artes dictae. Dicuntur enim artes architectonicae, quae aliis artibus subservientibus im-

auch zu verstehen sein, wenn er die Handwerker gelegentlich[1]) einteilt in solche, die nur den Stoff herstellen, solche, die diesem die richtige Form, und solche, die dafür nur die Anweisung geben, wobei diese letzteren dann die architectores sind; aber es ist auch möglich, dass er hier die Arbeitsteilung innerhalb einer Werkstatt im Auge hat.

Mag dem nun an dieser einen Stelle sein, wie ihm wolle, so zeigt doch die ganze Art der Betrachtung schon, dass ihm hier nicht ein klares Bild der wirklichen Zustände vorschwebt, sondern dass er, sowohl was das Verhältnis des Meisters zum Gesellen, als auch, was das der einzelnen Gewerbe untereinander betrifft, willkürlich konstruiert. Im ganzen hängen diese Aufstellungen natürlich eng mit der höheren Wertschätzung der geistigen Arbeit zusammen, über die wir schon früher gesprochen haben; im einzelnen sind sie durchweg bestimmt durch die teleologische Richtung der aristotelisch-thomistischen Philosophie überhaupt: nirgends aber sind sie aus wirklicher Kenntnis der Dinge entsprungen, von denen sie reden. Somit erhalten wir hier schliesslich eine wichtige Ergänzung zu den Ergebnissen des vorigen Kapitels: mag Thomas immerhin den allgemeinen Charakter des Wirtschaftslebens seiner Zeit richtig erkannt haben, in die Einzelheiten der produktiven Arbeit hat er sicher keinen tieferen Einblick gethan; hier sind ihm wirklich aristotelische Schemata und Begriffe an die Stelle des wirklichen Lebens getreten.

§ 2. Die Sklaverei.

Aehnlich wie bei Aristoteles, so ist es auch bei Thomas nicht möglich, seine Gedanken über die Arbeit vollständig dar-

perant, sicut gubernator navis imperat navifactivae et militaris equestri. — Das Beispiel der ars gubernatoria und navifactiva siehe auch Sent. III dist. 33. q. 2 art 1. q. 1 c. u. S. th. I, q. 18 art 3 c.

[1]) Sent. II dist. 10 art 3 ad 1: sicut in artificialibus invenitur aliquis artifex, qui tantum manu operatur exsequens praeceptum alterius et nulli imperans, sicu ille, qui praeparat materiam; alius vero, qui praecipit praeparanti materiam et ipse operatur ad inducendam formam; alius vero qui nihil operatur, sed praecipit, habens rationes operis sumptas ex fine, cuius est coniectator et talis dicitur architector, quasi princeps artificium vel usualis, in quantum utitur ministerio subditorum ad suum finem, ut ex 2 Phys. habetur.

zustellen, ohne dabei der Auffassung zu gedenken, die er von der Sklaverei hat; schon in den bisherigen Erörterungen ist uns dieser Begriff ja mehrfach begegnet: wir haben gesehen, wie Thomas gelegentlich unter dem Einfluss des Aristoteles erklärt, dass körperliche Arbeit im eigentlichen Sinne des Wortes Sklavenarbeit sei,[1]) wie er glaubt, dass wenigstens die gemeinen Lohnwerker auch noch zu seiner Zeit in manchen Städten Sklaven seien,[2]) und Derartiges mehr. Das legt uns nahe, hier etwas näher auf die Frage einzugehen, wie er sich überhaupt zu der Institution der Sklaverei gestellt, und wie sein Urteil sich zu dem wirklichen Leben seiner Zeit verhalten habe.

Die bisherigen Bearbeitungen haben diese Fragen verschieden beantwortet: von katholisch-sozialer Seite[3]) hat man die hierher gehörigen Stellen des Kommentars und der Summa so zu interpretieren gewusst, dass man in ihnen — und dementsprechend auch bei Aristoteles — eine Fürsorge für das Wohl der arbeitenden Klassen ausgesprochen fand, die man mit Erfolg glaubte der liberalen Wirtschaftspolitik unseres Jahrhunderts entgegensetzen zu können. Andererseits ist bei den wissenschaftlichen Nationalökonomen[4]) die Ansicht die herrschende, Thomas habe in diesem Punkte, wie auch sonst, nur die Ausführungen des Aristoteles wieder aufgenommen und damit Dinge ausgesprochen, die für die Wirklichkeit des dreizehnten Jahrhunderts längst keine Bedeutung mehr gehabt hätten.

[1]) Siehe die oben S. 68 Anm. 3 gesammelten Stellen.

[2]) Siehe oben S. 69 Anm. 7.

[3]) „Der heilige Thomas und die Sklaverei." St. Thomasbläter, Heft 7—9 (1.—31. Januar 1889), vermutlich vom Herausgeber, P. Dr. Ceslaus Maria Schneider selbst. — Aehnlich derselbe, „Die sozialistische Staatsidee u. s. w." S. 25—44.

[4]) Z. B. Ingram, „Gesch. d. Volkswirtschaftslehre," deutsch von Roschlau. Tübingen 1890. S. 37: „So begegnen wir in den Schriften des heil. Thomas von Aquin den politischen und wirtschaftlichen Lehren eines Aristoteles, untermischt mit Bestandteilen des Christentums. Am auffallendsten zeigt sich sein Festhalten an dem Standpunkt seines Meisters in der Thatsache, dass er die aristotelische Theorie der Sklaverei gelten lässt (wenigstens sofern er der Verfasser des Buches „Von der fürstlichen Gewalt" — de regimine principum — ist), obwohl die treibenden Kräfte seiner Zeit bereits die letzten Reste dieser Einrichtung aus der europäischen Gesellschaft ausgeschieden hatten." — Ebenso, aber doch auch den Einfluss der Kirchenväter hervorhebend, Ashley im Dictionary; ähnlich Kautz S. 216, und deshalb natürlich auch Contzen 2. Aufl. S. 88 f.

Nun steht diese Auffassung, wie man leicht sieht, mit der früher erwähnten in enger Beziehung, nach der die Wirtschafts-, und vielleicht auch die Staatslehre des Thomas überhaupt, lediglich aus einer Wiederholung aristotelischer Ansichten bestehen soll; wenn wir aber bisher überall gefunden haben, dass das, wenn überhaupt, wenigstens an den verschiedenen Punkten in sehr verschiedenem Masse der Fall ist, so werden wir wohl von vornherein vermuten dürfen, dass auch hier die Verhältnisse vielleicht nicht ganz so einfach liegen, wie es auf den ersten Blick scheinen könnte; jedenfalls wird eine vorsichtige Prüfung hier wohl geboten sein. — Der erstgenannten Auffassung gegenüber aber wird es darauf ankommen, zu untersuchen, auf welche Leute etwa Thomas seine Aussagen gemünzt, oder ob er dabei überhaupt nicht an bestimmte Menschen seiner Zeit gedacht hat. So werden wir also einmal die Quellen der Sklavenlehre des Thomas aufzusuchen und andererseits das Verhältnis festzustellen haben, in dem diese Lehre zum wirklichen Leben des dreizehnten Jahrhunderts steht.

Wenden wir uns nun zunächst zur ersten dieser Fragen, so kann es schon nach dem Bisherigen keinem Zweifel unterliegen, dass die Sklavenlehre des Aristoteles auf unsern Denker von grösstem Einfluss gewesen ist; um diesen aber näher bestimmen zu können, müssen wir uns sie selbst zunächst kurz vergegenwärtigen.[1])

Wir haben schon früher gesehen, dass Aristoteles die gesellschaftliche Arbeitsteilung und die daraus entstehende Berufsgliederung noch nicht kennt.[2]) Wenn nun aber auch in der Gesellschaftsorganisation, die er vor Augen hat, ein Teil der Bevölkerung Musse haben soll, sich den geistigen und politischen Aufgaben des Lebens zu widmen, so ist das nur dadurch möglich, dass eine andere Klasse lediglich an der Erzeugung der zum Leben nötigen materiellen Güter arbeitet. Diese thatsächlich

[1]) Vor allem Pol. I, c. 2. Dazu die Litteratur: Ludwig Schiller, Die Lehre des Aristoteles von der Sklaverei. Erlanger Schulprogramm 1847 (enthält S. 11—20 eine kritische Besprechung der älteren Litteratur). Onken II, S. 29—80. — Zeller[3] II, 2 S. 690—693.

[2]) Siehe oben Seite 36.

bestehende Scheidung der Gesellschaft in eine Klasse, die Musse zu geistiger Thätigkeit hat, und eine, die nur körperliche Arbeit leistet, wird nun von Aristoteles als eine „von Natur“ bestehende Einrichtung aufgefasst, ähnlich wie ja auch Thomas die Berufsgliederung seiner Zeit auf einen absoluten Ratschluss der göttlichen Vorsehung zurückführt.[1]) „Von Natur“ ist daher nach Aristoteles ein Teil der Menschen nur zu körperlicher Arbeit befähigt, während ein anderer auch mit geistigen Kräften ausgerüstet ist.[2]) Der Lebenszweck jener besteht nur darin, dass sie für die anderen die materielle Arbeit leisten: einen persönlichen Daseinszweck darüber hinaus haben sie nicht, und daher auch kein selbständiges Existenzrecht: die Menschen dieser Klasse sind vielmehr „von Natur“ dazu bestimmt, einem andern zu gehören.[3])

Darum haben sie auch an der allgemeinen Gabe des Menschengeschlechts, der Vernunft, nur so weit teil, dass sie die vernünftige Rede eines andern verstehen, nicht aber, dass sie selbständig vernunftgemässe Dispositionen treffen können.[4]) Damit ist für Aristoteles schon ausgesprochen, dass sie auch keiner höheren sittlichen Tugend fähig sind; höchstens die niedere Tüchtigkeit kommt ihnen zu, dass sie nicht aus Faulheit oder Ungehorsam die ihnen aufgetragene Arbeit vernachlässigen:[5]) einen freien Willen aber, der die Grundlage jeder höheren sittlichen Tugend ist, haben sie nicht. Darum ist es undenkbar, dass eine auf sittliche Beziehungen gegründete Gemeinschaft zwischen ihnen und der Herrenklasse möglich wäre. Natürlich fehlt ihnen auch die Fähigkeit, das allgemeine Ziel des menschlichen Lebens, die Glückseligkeit, zu erreichen.[6]) Schliesslich lässt sich alles in den Satz zusammenfassen: „wer sich von andern so unterscheidet, wie der Körper von der Seele oder das Tier vom Menschen, der ist von Natur zum

---

[1]) Siehe oben Seite 34 f.

[2]) Pol. I, 1, 4. 1252a, 30 ff. und öfter.

[3]) I, 2, 4—7. 1253b 22—54a 17; 2, 13. 1254b 20 f.

[4]) I, 2, 13. 1254b 22—24.

[5]) I, 5, 3. 1259b 22—28; 5, 10—11. 1260a 34—b 7.

[6]) III, 5, 10. 1280a 31—34; ähnliche Stellen aus der Eth. Nic. siehe bei Zeller[3] 692 Anm. 7.

Sklaven bestimmt;" die Dienste, die er leistet, stellen ihn auch thatsächlich dem Haustier gleich.[1])

Die charakteristischen Wendungen dieser konsequenten und in sich geschlossenen Sklaventheorie hat nun Thomas fast alle übernommen. So begründet auch er die Notwendigkeit der Sklaverei damit, dass der Mensch Diener brauche zur Hilfe in seiner Haushaltung, zur Verrichtung der nötigen mechanischen Arbeiten u. a. m.[2]) In diesem Sinne braucht auch er sehr häufig den von Aristoteles geprägten Ausdruck, dass der Sklave ein Werkzeug seines Herren ist.[3]) Ja, den Satz, dass der nur über Körperkräfte Verfügende billig dem geistig Bedeutenden gehorchen müsse, findet er schon in der Schrift bestätigt.[4]) Darum ist auch ihm der Sklave an sich ein Wesen, das keinen Selbstzweck hat und deshalb auch nicht frei über sich verfügen kann: er gehört einem andern zu eigen.[5]) Thomas verwendet diesen Gedanken auch gern in

[1]) I, 2, 13. 14. 1254[b] 15—26.

[2]) S. th. II, 1. q. 105 art 4 c .... Et ad talem vitae conservationem opitulantur homini exteriora bona, ex quibus homo habet victum, vestitum et alia huiusmodi necessaria vitae, *in quibus administrandis indiget homo servis.* — Sent. III. dist. 37 art 5 q. 2 ad 2: Ad secundum dicendum, quod opera servilia mystice intelliguntur peccata; sed ad litteram *opera servilia dicuntur, ad quorum exercitium servos deputatos habemus,* in quibus debent artes mechanicae dirigere, quae contra liberales dividuntur. Vergl. auch unten S. 90 Anm. 3.

[3]) Arist. Pol. I, 2. 4—6; Eth. VIII, 13. 1161[b] 4. — Thomas Sent. IV dist. 36 q. 1 art 4 c (cum servus sit quasi instrumentum domini in operando). — Ebenso: Sent. II, dist. 44 q. 1 art 3; Com. in Pol. I, lect. 2 pag. 375[b]; Com. in Eth. VIII, lect. 11 pag. 286[b].

[4]) Com. in Pol. I, lect 3 pag. 377[a] .... secundum quod etiam Salomon dicit, quod qui stultus est, serviet sapienti. — Uebrigens schränkt er doch den aristotelischen Grundsatz etwas ein, wenn er sagt (I, lect. 1 pag. 368[b]): Ille enim, qui propter sapientiam potest mente praevidere, *interdum* salvari non posset deficientibus viribus corporis, nisi haberet servum qui exequeretur, nec ille, qui abundat viribus corporis, posset salvari, nisi alterius prudentia regeretur.

[5]) Z. B. Servus, qui non habet potestatem sui (Sent. IV dist. 25 q. 2 art 2 q. 2 c); Servus, id quod est, domini est (S. th. II, 2. q. 189. art 6 ad 2; De reg. princ. I, 1 [s. S. 80 Anm. 1]); Liber causa sui est, servus ordinatur ad alterum (S. th. I, q. 96 art 4 c). — Vergl. Com. in Pol. I, lect 3. pag. 377[a] .... Et quod isti sint naturaliter servi, patet per hoc, quia ille est naturaliter servus, qui habet aptitudinem naturalem, ut sit alterius, in quantum scilicet non potest regi propria ratione, per quam homo est dominus sui, sed solum ratione alterius, propter quod naturaliter alterius est quasi servus.

übertragener Bedeutung zur Unterscheidung der verschiedenen Arten von Herrschaft überhaupt: jede Herrschaftsform, bei der die Untergebenen nicht zu ihrem eignen Besten, sondern nach dem Privatinteresse des Herrschers geleitet werden, ist ihm deshalb eine Herrschaft über Sklaven,[1]) eine Uebertragung, die übrigens ja schon bei Aristoteles ihr Vorbild hat.[2])

Scheint somit nach alledem Thomas wirklich lediglich dessen Ausführungen kopiert zu haben, so stehen dem doch nun wieder andere Aussprüche gegenüber, nach denen er sich, wenigstens in der ethisch-metaphysischen Beurteilung der Sklaven, weit von ihm entfernt hat. Wohl eignet er sich noch den allgemeinen Satz an, dass für einen Freien eine staatliche Gemeinschaft mit Sklaven nicht möglich sei, giebt ihm auch gelegentlich die Form, dass ein Volk von Sklaven auch für sich keinen Staat bilden könne.[3]) Aber damit will er ihnen doch nicht jede sittliche Persönlichkeit überhaupt absprechen. Wenigstens, wo er unabhängig von Aristoteles über ihre seelischen Eigenschaften spricht, schreibt er ihnen auch Vernunft und freien Willen zu als ihren wesentlichen

[1]) Sent. IV dist. 24. q. 1. art. 1. q. 1 ad 1 ..... quod subiectio servitutis repugnat libertati; quae servitus est, quando aliquis dominatur ad sui utilitatem subiectis utens. — De reg. princ. I, 1. pag. 226a: Quare et in regimine multitudinis et rectum et non rectum invenitur. Rectum autem dirigitur unumquodque, quando ad finem convenientem deducitur, non recte autem, quando ad finem non convenientem. Alius autem est finis conveniens multitudini liberorum et servorum. Nam liber est, qui sui causa est; servus autem est, qui id, quod est, alterius est. Si igitur liberorum multitudo a regente ad bonum commune multitudinis ordinetur, erit regimen rectum et iustum, quale convenit liberis. Si vero non ad bonum multitudinis, sed ad bonum privatum regentis regimen ordinetur, erit regimen iniustum ac perversum. Ebenso Sent. II dist. 44. q. 2 art 2 ad 1; Com. in Pol. III lect. 5 pag. 463b und unten S. 85 Anm. 1.

[2]) Für Aristoteles vergl. ausser den von Thomas selbst citierten Stellen z. B. Pol. III, 4, 7. 1279a 21.

[3]) De reg. princ. I, 14. pag. 237a. Virtuosa vita igitur vita est congregationis humanae finis. Huius autem signum est, quod hi soli partes sunt congregatae multitudinis, *qui sibi invicem communicant in bene vivendo.* Si enim propter solum vivere homines convenirent, *animalia et servi essent pars aliqua congregationis civilis.* — S. th. II, 1. q. 98 art 6 ad 2: Ad secundum dicendum, quod lex non debet dari nisi populo .... Et ideo tempore Abrahae data sunt quaedam familiaria praecepta et quasi domestica Dei ad homines; sed postmodum multiplicatis eius posteris, in tantum quod populus esset *et liberatis eis a servitute* lex convenienter potuit dari; nam servi non sunt pars populi, vel civitatis, cui legem dari competit, ut Philosophus dicit. Vergl. Com. in Pol. III lect. 7 pag. 69a.

Unterschied vom Tier; und die besondere Art der Weisheit, die er unter dem Namen „Politia“ als charakteristische Eigenschaft aller Unterthanen kennt, spricht er dem Sklaven in gleicher Weise zu wie dem Freien.[1]) So hat er denn auch den Satz des Seneca aufgenommen,[2]) dass die Herrschaft des Herrn sich nur auf den Körper und seine Verrichtungen erstrecke; „in seinem Geiste ist auch der Sklave frei“[3]) wie jeder andere Mensch. Und noch mehr: nicht nur in der

[1]) S. th. II, 2. q. 50 art 2 c: Respondeo dicendum, quod servus per imperium movetur a domino et subditus a principante, aliter tamen quam irrationabilia et inanimata moventur a suis motoribus. Nam inanimata et irrationabilia aguntur solum ab alio, non autem ipsa agunt se ipsa, quia non habent dominium sui actus per liberum arbitrium, et ideo rectitudo regiminis eorum non est in se ipsis, sed solum in motoribus. Sed homines servi vel quicunque subditi ita aguntur ab aliis per praeceptum, *quod tamen agunt se ipsos per liberum arbitrium*, et ideo requiritur in eis quaedam rectio regiminis, per quam se ipsos dirigant in oboediendo principantibus; et ad hoc pertinet species prudentiae, quae politia vocatur. — Doch vergl. die S. 79 Anm. 5 wiedergegebene Stelle aus dem Kommentar; dagegen aber wieder die Abschwächung Com. in Pol. I, lect. 10. pag. 398b: Servus enim *in quantum est servus*, non habet consilium de suis actibus. Cuius ratio est, quia consiliamur de his, quae sunt in potestate nostra; servus autem non habet *actus suos* in potestate sua, sed sunt actus eius in potestate domini. Unde servus non habet liberam potestatem consiliandi. Eine weitere Vermittelung siehe Sent. II dist. 44, q. 1 art 3 c.

[2]) S. th. II, 2. q. 104 art. 5 c . . . . . non tenetur inferior suo superiori obedire, si ei aliquid praecipiat, in quo ei non subdatur. Dicit enim Seneca (De benef. III, 20) „erret, si quis existimat servitutem in totum hominem descendere; pars enim melior excepta est: corpora obnoxia sunt et adscripta dominis, mens quidem est sui iuris“. Et ideo in his, quae pertinent ad interiorem motum voluntatis, homo non tenetur homini obedire, sed solum deo. Tenetur autem homo homini obedire in his, quae exterius per corpus sunt agenda; in quibus tamen secundum ea, quae ad naturam corporis pertinent, homo homini obedire non tenetur, sed solum deo, quia *omnes homines natura sunt pares*, puta in his, quae pertinent ad corporis sustentationem et prolis generationem; unde non tenentur nec servi dominis nec filii parentibus obedire de matrimonio contrahendo vel virginitate servanda aut alio aliquo huiusmodi. Sed in his, quae pertinent ad dispositionem actuum et rerum humanarum, tenetur subditus suo superiori obedire secundum rationem superioritatis, sicut miles duci exercitus in his, quae pertinent ad bellum, servus domino in his, quae *pertinent ad opera servilia* exequenda, filius patri in his, quae pertinent ad disciplinam vitae et curam domesticam, et sic de aliis. — Sent. IV dist. 36, q. 1 art 2 ad 1: 'Servus est res domini', quantum ad ea, quae naturalibus superadduntur, sed quantum ad naturalia omnes sunt pares; unde in his, quae ad actus naturales pertinent, servus potest alteri, invito domino, sui corporis potestatem per matrimonium praebere.

[3]) Vergl. dazu auch: S. th. II, 2. q. 132 art 4 ad 3: . . . . alia vero servitus est, qua homo servit homini; est autem homo alterius servus non secundum mentem, sed secundum corpus, ut supra habitum est, et ideo *opera servilia* secundum hoc dicuntur opera corporalia, in quibus homo alteri servit. Denselben Gedanken christlich begründet siehe unten S. 86 Anm. 1.

inneren Motivierung seines Willens ist der Sklave von jedem Menschen unabhängig und nur Gott unterworfen; diese Freiheit erstreckt sich auch auf alle die Verhältnisse und Handlungen, die mit der allgemein menschlichen Natur seines Leibes gegeben sind, z. B. auf Essen, Trinken und Schlafen, aber auch z. B. auf die Frage, ob er heiraten oder die Keuschheit bewahren will; das alles sind Gebiete, auf denen der Herr nichts zu befehlen hat: denn „von Natur sind alle Menschen gleich." Nur in den äusseren Handlungen, soweit sie sich auf Sachen beziehen, ist der Sklave seinem Herrn unterworfen.

In diesen Ausführungen ist nun Thomas völlig von dem abgewichen, was er an psychologischen und metaphysischen Erörterungen über die Sklaverei bei Aristoteles hatte finden können. Die beiden Sätze, die zuletzt gewissermassen das Leitmotiv bildeten: „dem Geiste nach ist auch der Sklave frei" und „von Natur sind alle Menschen gleich", durchbrechen vollständig die geschlossene Kette aristotelischer Gedanken. Sie weisen uns vielmehr auf eine ganz andere Quelle hin, die hier den Einfluss des Aristoteles vollständig überwunden hat, auf die stoische Philosophie.[1]) Für den ersten Satz führte er ja selbst Seneca als Quelle an; der andere weist über Gregor den Grossen, den er gelegentlich nennt,[2]) zurück auf die Juristen der römischen Kaiserzeit, die ihn ja ihrerseits wieder von den Stoikern entlehnt hatten.[3])

So sehr nun aber auch diese Gedankenreihen den aus Aristoteles stammenden zunächst zu widersprechen scheinen, so hat Thomas doch gerade in der Terminologie der römischen Juristen ein Mittel gefunden, beide wenigstens äusserlich miteinander zu vereinen. Schon jene[4]) hatten ja die stoische

---

[1]) Ueber die Stellung der Stoiker zur Sklaverei siehe Zeller[3] III, 1. 1880. S. 301 f.; derartige Gedanken sind ja schon vor den Stoikern geäussert worden: siehe Aristoteles, Pol. I, 2, 3; Oncken II, 33—36; aber Einfluss auf die Späteren haben doch nur diese gewonnen.

[2]) Siehe unten S. 87 Anm. 1 und S. 88 Anm. 2.

[3]) Ueber den stoischen Ursprung des „Naturrechtes" siehe Voigt, „Das ius naturale, aequum et bonum und ius gentium der Römer" (Leipzig 1856) I S. 140—143; 270—291. Andeutungen bei Zeller[3], III, 1 S. 222 f.

[4]) Siehe Puchta, Kursus der Institutionen 1881[9] I, 12. Anm. a; II, 80 f. — Sohm, Institutionen des römischen Rechts, 1894[5] S. 107 ff.

Auffassung nur halb aufgenommen, um ihr gegenüber die so ganz anders geartete Wirklichkeit doch in etwas rechtfertigen zu können. Darum bestreiten zwar auch sie, dass es Menschen gebe, die „von Natur" zur Sklaverei bestimmt seien: nach „Naturrecht" sind alle Menschen gleich und frei. Aber die Sklaverei ist für sie damit doch noch nicht zu einer willkürlichen und zufälligen Institution des positiven „bürgerlichen Rechtes" gestempelt, wie bei den Stoikern; vielmehr ruht sie doch immer noch auf dem sogenannten „Völkerrecht", d. h. auf dem Teil des positiven Rechtes, der sich seiner allgemeinen Vernünftigkeit wegen bei allen Völkern findet, der also zwischen „Naturrecht" und „bürgerlichem Recht" die Mitte hält; auf diesem „Völkerrecht" aber ruht ihnen die Sklaverei deshalb, weil thatsächlich bei allen Völkern der Satz gilt, dass Kriegsgefangene eines fremden Stammes zu Sklaven gemacht werden.

Der Begriff des „Völkerrechts" ist nun auch für die Sklavenlehre des Thomas der eigentlich massgebende geworden; er scheidet nämlich zwischen ihm und dem „Naturrecht" in der Weise, dass er diesem alle Verhältnisse und Bestimmungen, die „an sich" natürlich sind, zuweist, jenem aber alle die, bei denen dies nur um gewisser Folgen willen der Fall ist.[1]) Nun hatte aber Aristoteles die Natürlichkeit der Sklaverei ja gerade aus dem Nutzen bewiesen, den sowohl der Herr als auch der Sklave aus ihr haben;[2]) also ist es klar, sagt Thomas, dass er nur jenen zweiten Grad von Natürlichkeit gemeint hat, der den

[1]) S. th. II, 2. q. 57 art 3: utrum ius gentium sit idem cum iure naturali? *Respondeo dicendum*, quod, sicut dictum est, ius sive iustum naturale est, quod ex sui natura est adaequatum vel commensuratum alteri. Hoc autem potest contingere dupliciter: uno modo secundum absolutam sui considerationem, sicut masculus ex sui ratione habet commensurationem ad feminam, ut ex ea generet, et parens ad filium, ut eum nutriat. Alio modo est naturaliter alteri commensuratum, non secundum absolutam sui rationem, sed secundum aliquid, quod ex eo sequitur, puta proprietas possessionum ..... Absolute autem apprehendere aliquid non solum convenit homini, sed etiam aliis animalibus; et ideo ius, quod dicitur naturale secundum primum modum, commune est nobis et aliis animalibus. A iure autem naturali sic dicto recedit ius gentium ... quia 'illud omnibus animalibus hoc solum hominibus inter se commune est' (nach Ulpian). Considerare autem aliquid comparando ad id, quod ex eo sequitur, est proprium rationis; et ideo hoc idem est naturale homini secundum rationem naturalem, quae hoc dictat; daher „Völkerrecht" = „Vernunftrecht" nach Caius.

[2]) Pol. I, 1, 4. 1252a 30ff.

Institutionen des Völkerrechts zukommt.[1]) So glaubt er, bei ihm den inneren Grund für jenen von den römischen Juristen nur äusserlich motivierten Satz gefunden zu haben, und erhält dadurch die Möglichkeit, auch einander so widersprechende Aussagen, wie die des Aristoteles und der Stoiker, in einem System zu vereinigen. Dadurch ist aber auch bei ihm, ähnlich wie im römischen Recht, die stoische Lehre fast jeder praktischen Bedeutung entkleidet[2]) und ganz ins Ideale verflüchtigt:[3]) die Autorität des Aristoteles und der Begriff des „Völkerrechts" bewirken, dass für die lebendige Wirklichkeit die Sklaverei doch als natürliche und notwendige Einrichtung gilt.

Daneben kennt er aber auch noch einen andern Weg, auf dem er die ursprüngliche Gleichheit aller Menschen mit der Natürlichkeit und Rechtmässigkeit der Sklaverei verbinden kann, nämlich die Betrachtungsweise, die er von den Kirchenvätern gelernt hat.[4]) Zum Teil sind es ja wieder stoische Gedanken, die ihm hier indirekt zugeführt werden; denn auch die Kirchenväter schwelgen in dem Satze, dass der Mensch von Natur frei, dass die Sklaverei nur eine Verkehrung der ursprünglichen Naturordnung sei. Aber ähnlich wie die römischen Juristen sie dann doch als Institution des Völkerrechtes gelten lassen, so sehen sie jene als berechtigte Strafe für den Sündenfall an. Darin steht sie aber nicht anders da, wie jede Art menschlicher Unterordnung überhaupt; auch die der Frau unter den Mann oder die aller unter den Staat

---

[1]) S. th. II, 2. q. 57 art 3 obi. 2: Praeterea, servitus inter homines est naturalis; quidam enim sunt naturaliter servi, ut Philosophus probat. Sed „servitutes pertinent ad jus gentium," ut Isidorus dicit. Ergo ius gentium est ius naturale. — *Ad secundum* dicendum, quod hunc hominem esse servum, absolute considerando, magis quam alium, non habet rationem naturalem, sed solum secundum aliquam utilitatem consequentem, in quantum utile est huic quod regatur a sapientiori, et illi quod ab hoc iuvetur, ut dicitur. Et ideo servitus pertinens ad ius gentium est naturalis secundo modo, sed non primo modo.

[2]) Sie haben sie, wie S. 81 Anm. 2 zeigt, nur noch im Eherecht der Sklaven.

[3]) Die stoischen Aussprüche werden gelegentlich nur auf den Stand der Unschuld bezogen, siehe unten S. 87 Anm. 1 u. S. 88 Anm. 1.

[4]) Siehe über diese: Overbeck, Studien zur Gesch. d. alten Kirche. 1875. 1. Heft S. 158—220: „Ueber das Verhältnis der alten Kirche zur Sklaverei im römischen Reich," bes. S. 197—201. — Uhlhorn a. a. O. S. 221 f.

ist erst entstanden, nachdem die Sünde in die Welt eingezogen ist. Nun aber, solange die Sünde das beherrschende Gesetz des menschlichen Lebens ist, hat auch jede von ihnen ihre Berechtigung. Damit ist die Sklaverei auch hier vom Standpunkt des Ideals aus verdammt, aber als Institution des gegenwärtigen Rechtes in Schutz genommen.

Diese Anschauung hat Thomas übernommen,[1]) soweit sie sich auf die Sklaverei bezieht; häusliche und staatliche Herrschaft freilich hätte es nach ihm auch im Stande der Unschuld gegeben; denn sie widerstreiten ja der persönlichen Freiheit der Unterthanen nicht, weil sie in ihrem, und nicht im Interesse des Regierenden geführt werden; und sie wären nötig gewesen um der Ordnung des Lebens willen, auch wenn diese nicht durch die Sünde getrübt worden wäre.[2]) Aber die Sklaverei im Sinne einer Herrschaft, bei der der Beherrschte nur den

[1]) S. th. I, q. 96 art 4: Utrum homo in statu innocentiae homini dominabatur? Respondeo dicendum, quod dominium accipitur dupliciter: uno modo, secundum quod opponitur servituti; et sic dominus dicitur, cui aliquis subditur ut servus. Alio modo accipitur dominium, secundum quod communiter refertur ad subiectum qualitercumque; et sic etiam ille, qui habet officium gubernandi et dirigendi liberos, dominus dici potest. Primo ergo modo accepto dominio in statu innocentiae homo homini non dominaretur; sed secundo modo accepto dominio in statu innocentiae homo homini dominari potuisset. Cuius ratio est, quia servus in hoc differt a libero, quod liber est causa sui, servus autem ordinatur ad alium. Tunc ergo aliquis dominatur alicui ut servo, quando eum, cui dominatur, ad propriam utilitatem sui, scilicet dominantis, refert. Et quia unicuique est appetibile proprium bonum, et per consequens contristabile est unicuique, quod illud bonum, quod deberet esse suum, cedat alteri tantum: ideo tale dominium non potest esse sine poena subiectorum; propter quod in statu innocentiae non fuisset tale dominium hominis ad hominem. — Tunc vero dominatur aliquis alteri ut libero, quando diriget ipsum ad proprium bonum eius qui dirigitur vel ad bonum commune; et tale dominium hominis ad hominem in statu innocentiae fuisset propter duo: primo quia homo naturaliter est animal sociale, unde homines in statu innocentiae socialiter vixissent; socialis autem vita multorum esse non posset, nisi aliquis praesideret, qui ad bonum commune intenderet .... secundo, quia si unus homo habuisset super alios supereminentiam scientiae et iustitiae, inconveniens fuisset, nisi hoc exequeretur in utilitatem aliorum, secundum quod dicitur: 'unusquisque gratiam quam accepit in alterutrum illam administrantes' (1. Petr. 4, 10) etc. — Ebenso q. 92 art 1 ad 2; Sent. II dist. 44, q. 1 art 2 c und Quaest. quodl. II, art 2 am Ende.

[2]) Darin liegt doch eine positive Würdigung des Staates, die weit über die augustinisch-gregorianische Staatslehre hinausgeht. Die Wirkungen der aristotelischen „Politik" beginnen eben schon bei Thomas selbst und nicht erst bei den Staatsrechtslehrern des vierzehnten Jahrhunderts, wenn sie auch hier natürlich bedeutend stärker sind, als sie im dreizehnten sein konnten.

Zwecken seines Herrn leben soll, ist nur denkbar als Strafe für die, die dadurch betroffen werden; also ist sie erst nach dem Sündenfall möglich geworden. Darum ist sie aber eben doch für die gegenwärtige Weltperiode als ein Ausfluss der göttlichen Gerechtigkeit und damit als rechtmässige und bleibende Institution zu betrachten.

Und so finden wir denn auch bei Thomas ebensowenig wie bei den Kirchenvätern, auch nur die leiseste Andeutung, die man etwa im Sinne der späteren Sklavenemancipationsforderungen deuten könnte. Vielmehr hält er den Gedanken, dass das Christentum die Aufhebung der Sklaverei fordere, für eine Ketzerei, die aus dem Judentum wohl auch in einzelne christliche Kreise eingedrungen sei, die aber der Erlöserabsicht Christi direkt widerspreche; denn Christus sei nicht gekommen, durch den Glauben die Ordnung der Gerechtigkeit aufzuheben;[1]) oder wie er an anderer Stelle sagt, das göttliche Gesetz ist nicht gegeben, um das menschliche abzuschaffen.[2]) So bleibt auch für den Christen die Sklaverei eine durchaus zu Recht bestehende Institution; es ist bekannt, dass hierbei die Theologie auch nach Thomas noch Jahrhunderte hindurch stehen geblieben ist, wie sie auch vor ihm diese Gedanken schon immer vertreten hatte.[3])

[1]) In ep. ad Titum II, lect. 2 (tom. 13. pag. 653: ad Titum 2, 9 f.): Et quare monet hoc tam frequenter Apostolus? Respondeo: non sine causa. Haeresis enim incepit apud Iudaeos, quod servi dei non deberent servire hominibus; et ex hoc etiam derivatum est in populo Christiano, quod dixerunt, quod per Christum filii dei facti non deberent esse servi hominum. *Sed Christus per fidem non venit tollere ordinem iustitiae:* immo per fidem Christi iustitia servatur (Rom. 3, 31). Iustitia autem facit alios aliis subdi. — Sed servitus huiusmodi est quantum ad corpus: nam per Christum nunc liberamur a servitute quantum ad animam, sed non a servitute nec a corruptione corporis; sed in futuro liberabimur etiam a corruptione et servitute corporali. Vergl. zum Schluss oben S. 81 Anm. 2 und 3. — Ebenso S. th. II, 2. q. 104 art 6 ad 1. Darum wird auch das Sklavenrecht des alten Testamentes in Schutz genommen, obgleich es wesentlich schärfer ist als das des römischen Rechtes: S. th. II, 1. q. 105 art 4 c.

[2]) S. th. II, 2. q. 10 art 10 c: . . . Ubi considerandum est, quod dominium et praelatio introducta sunt ex iure humano; distinctio autem fidelium et infidelium est ex iure divino. *Ius autem divinum, quod est ex gratia, non tollit ius humanum, quod est ex naturali ratione.* Ideo distinctio fidelium et infidelium secundum se considerata non tollit dominium et praelationem infidelium supra fideles. — Ebenso q. 12 art 2 c.

[3]) Vergl. für die alte Kirche Overbeck a. a. O.; für das Mittelalter O. Langer: Die Sklaverei in Europa während der letzten Jahrhunderte des Mittel-

Fassen wir zusammen, was wir im vorigen über die Quellen der Sklavenlehre des Thomas erfahren haben, so springt sofort in die Augen, dass sie nicht lediglich eine Kopie der oben wiedergegebenen Ausführungen des Aristoteles ist, sondern dass neben, ja vielleicht noch vor diesen andersartige Strömungen hier wirksam gewesen sind. Die grundlegenden Begriffe, von denen aus sich diese Lehre nach allen Einzelheiten hin entfaltet, stammen grösstenteils nicht von ihm, sondern von den Kirchenvätern und aus dem römischen Recht. Das „Völkerrecht" und der Sündenfall sind die Instanzen, die neben dem Ideal der Freiheit und Gleichheit aller Menschen doch auch die empirische Thatsache der Sklaverei zu ihrem Rechte kommen lassen; vor allem die Erinnerung an den Urstand der Menschen und den Sündenfall wird oft zu derartigen Vermittelungen benutzt: wenn nach stoisch-kirchlicher Lehre die Natur alle Menschen gleich und frei geschaffen hat, so bezieht sich das eben auf den Stand ursprünglicher Vollkommenheit.[1]) Wenn nach derselben Lehre die Sklaverei widernatürlich ist, so heisst das nur, dass die erste Absicht der Natur allerdings darauf ging, freie und gleiche Menschen zu schaffen; aber da es ebenso ein Gebot der Natur ist, dass, wer sündige, auch die gebührende Strafe empfange, so ist nach diesem Satze die Sklaverei als Strafe für

---

alters. Bautzener Gymnasialprogramm 1891, bes. S. 36—45. — Die Overbecksche Auffassung ist vor allem von Uhlhorn (a. a. O. S. 56 f.; 113—116; 220—228; Artikel Sklaverei in der Real-Enc. f. prot. Theol. u. Kirche. 2. Aufl. Band XIV) aufgenommen worden; aber er übersieht, dass die Stellung der Kirche im Mittelalter dieselbe geblieben ist. Auch Nathusius knüpft zunächst (a. a. O. 1. Aufl. II, 312—316) an die Overbeckschen Ergebnisse an, fällt aber dann (317 ff.) um so stärker in die alte Auffassung zurück. Bei den Nationalökonomen scheint diese alte Auffassung noch in voller Blüte zu stehen. Vergl. z. B. Luigi Cossa: Di alcuni studi recenti sulle teorie economiche nel Medio Evo (Rendiconti d. R. Istituto Lombardo di scienze e lettere. Serie II, Band 9, 1876 Seite 100 f.) und Hans von Scheel in Schönbergs Handbuch der politischen Oekonomie. 3. Aufl. I, Seite 79.

[1]) Sent. II dist. 44, q. 1 art 3 ad 1: Ad primum (Greg. Moral 21, 10: 'natura omnes homines aequales fecit') ergo dicendum, quod natura omnes homines aequales in libertate fecit, non autem in perfectionibus naturalibus; liberum enim secundum Philosophum est, quod sui causa est; unus enim homo *ex natura* non ordinatur ad alterum sicut ad finem; et ideo secundus modus praelationis non fuisset, qui libertatem subditis tollit; sed primus modus esse posset, qui nullum praeiudicium libertati affert etc.

die Sünde doch auch natürlich,[1]) so ist sie, wenn auch nicht selbst eine Institution des Naturrechtes, doch jedenfalls eine korrekte Folgerung daraus.[2]) Und wenn nach aristotelischer Definition ein Sklave ist, wer keinen persönlichen Selbstzweck hat, so wird auch das dadurch begründet, dass der Charakter der Strafe eben darin liege, dass dem von der Sklaverei Betroffenen das freie Verfügungsrecht über sich selbst genommen wird;[3]) freilich wird die absolute Gültigkeit dieses Satzes andererseits wieder oft von stoischen und christlichen Gesichtspunkten aus heftig bekämpft.[4])

In dieser Weise hat Thomas wenigstens redlich versucht, als guter Scholastiker die verschiedenen, oft einander kreuzenden Aussprüche seiner Autoritäten in ein einheitliches System zu bringen. Man kann nicht gerade sagen, dass ihm das immer sehr gut gelungen ist; vielmehr liegen ja die wechselseitigen Widersprüche seiner einzelnen Aussagen meist offen zu Tage. Aber man wird andererseits auch nicht leugnen können, dass doch alle zusammengenommen wirklich eine gewisse einheitliche Auffassung deutlich erkennen lassen: sie kommen alle schliesslich darauf hinaus, dass den stoischen Idealen der Freiheit und Gleichheit möglichst wenig Einfluss auf die lebendige Gegenwart eingeräumt, und dass auch aus dem christlichen Freiheitsgefühl alles Drängen auf irdische Freiheit möglichst

---

[1]) Sent. IV dist. 36, q. 1 art 1 ad 2: Ad secundum dicendum, quod nihil prohibet esse aliquid contra naturam quantum ad primam intentionem ipsius, quod non est contra naturam quantum ad secundam eius intentionem, sicut omnis corruptio et defectus et senium est contra naturam ..... Similiter etiam dico, quod servitus est contra primam intentionem naturae, sed non contra secundam; quia naturalis ratio ad hoc inclinat, et hoc appetit natura, ut quilibet sit bonus; sed ex quo aliquis peccat, *natura etiam inclinat, ut ex peccato poenam reportet;* et sic servitus in poenam peccati introducta est.

[2]) Sent. IV dist. 37, q. 1 art 1 ad 3: (Der Einwurf beruft sich dafür, dass die Sklaverei nicht de iure naturali ist, auf Gregor und die Digesten): Ad tertium dicendum, quod ius naturale dictat, quod poena sit pro culpa infligenda, et quod nullus sine culpa puniri debet; sed determinare poenam secundum conditionem personae et culpae est iuris positivi. Et ideo servitus, quae est quadam poena determinata, est de iure positivo *et a iure naturali proficiscitur, sicut determinatum ab indeterminato.*

[3]) S. th. II, 2. q. 189 art 6 ad 2: quia servitus est *in poenam peccati* inducta, ideo per servitutem aliquid adimitur homini, quod alias ei competeret, *ne scilicet libere de sua persona possit disponere;* servus enim id, quod est, domini est.

[4]) Siehe oben S. 81 Anm. 2 und 3 und S. 86 Anm. 1.

fern gehalten werde. Als Ideal der Vergangenheit und als Hoffnung für die Zukunft[1]) bleiben jene Gedanken bestehen; aber als aktuelles Motiv zum Handeln in der Gegenwart sollen sie nicht dienen. Das entspricht ganz der durchaus konservativen Haltung, die, wie wir sahen,[2]) Thomas und mit ihm die mittelalterliche Kirche überhaupt, gegenüber der sozialen Bewegung in der Gesellschaft eingenommen hat.

In dieser Auffassung nun, die ja schon durch die juristischen und kirchlichen Autoritäten völlig gedeckt war, ist Thomas noch ganz besonders durch die Erörterungen des Aristoteles bestärkt worden, die die neuentdeckte „Politik" enthielt. Das zeigt die Thatsache, dass er, wenn er auch in der ethisch-metaphysischen Beurteilung der Sklaven lieber den altbekannten Autoritäten folgte, in der Darlegung der Notwendigkeit der Sklaverei, in ihrer wirtschaftlichen Motivierung sich doch ganz an die für seine Zeit neuen Auseinandersetzungen dieses Philosophen angeschlossen hat. Darin liegt somit schliesslich das, was in seiner Sklaventheorie neu und deshalb auch für uns wichtig ist, dass er zum ersten Male wieder seit Aristoteles sein Urteil in dieser Sache nicht nur mit ethischen und rechtsphilosophischen, sondern auch mit wirtschaftlichen Gedanken zu begründen versucht hat. Das ist aber auf jeden Fall als ein Fortschritt anzuerkennen, ganz unabhängig davon, was etwa im einzelnen über diese wirtschaftliche Begründung zu sagen sein mag; denn das ist ja ebenso sicher, dass diese ihrer näheren Ausführung nach auch schon für das Mittelalter nicht mehr als zutreffend erscheinen kann. Das führt uns aber zur Untersuchung der zweiten der oben aufgestellten Fragen, wie nämlich diese Sklavenlehre des Thomas sich zur Wirklichkeit des dreizehnten Jahrhunderts verhalten habe.

Hier müssen wir nun vor allem fragen, auf welche Leute seiner Zeit etwa Thomas die Ausführungen über Sklaven bezog, die er in seinen auf antikem Boden entstandenen Quellen gelesen hat, oder ob er dabei überhaupt nicht an bestimmte

---

[1]) Siehe die letzten Worte von In ep. ad Titum II, lect. 2, oben S. 86 Anm. 1.

[2]) Siehe oben Seite 50.

Erscheinungen seiner Zeit gedacht habe. Von vornherein liegt hier nun die Vermutung nahe, und sie ist thatsächlich mehrfach von Nationalökonomen geäussert worden, dass er an eine der verschiedenen Formen agrarischer Unfreiheit gedacht habe, die die mittel- und westeuropäische Wirtschaftsgeschichte des Mittelalters uns zeigt; aber bei näherem Zusehen werden wir doch sagen müssen, dass das nicht der Fall gewesen sein kann. Schon an der öfter erwähnten Stelle, wo Thomas von der Armut der Landbevölkerung spricht,[1]) deutet er doch einen Mangel der persönlichen Freiheit bei ihr mit keiner Silbe an; und wo er gelegentlich einer kirchenrechtlichen Erörterung Hörige erwähnt,[2]) unterscheidet er sie ausdrücklich von den Sklaven und zählt sie den Freien zu. Vor allem aber ist die wirtschaftliche Thätigkeit, die er seinen Sklaven zuschreibt, durchweg eine andere als die, die jene unfreien Bauern zu leisten hatten. Nicht nur im Kommentar,[3]) wo es ja durch die entsprechenden aristotelischen Ausführungen nahe-

[1]) Siehe oben S. 40 Anm. 1.

[2]) S. th. II, 2. q. 10 art 10 obi. 3: sicut Philosophus dicit, servus est instrumentum domini in his, quae ad humanam vitam pertinent, sicut et minister artificis est instrumentum artificis in his, quae pertinent ad operationem artis. Sed in talibus potest fidelis infideli subiici; *possunt enim fideles infidelium coloni esse.* Ergo infideles possunt fidelibus praefici, etiam quantum ad dominium. — Ad tertium dicendum, quod *servi* subiiciuntur dominis suis ad totam vitam et *subditi* praefectis ad omnia negotia; sed *ministri artificum* subduntur eis ad aliqua specialia opera: unde periculosius est, quod infideles accipiant dominium vel praelationem super fideles, quam quod accipiant ab eis ministerium in aliquo artificio. Et *ideo permittit Ecclesia quod christiani possint colere terras Iudaeorum, quia per hoc non habent necesse conversari cum eis* etc.

[3]) Vergl. die Interpretationen zu Pol. I, 2, 4—7. 1253^b 22—1254^a 17; 2, 22. 1255^b 22—30; 5, 10. 1260^a 40; II, 2, 3. 1263^a 19—21 u. a. m. Als Beispiel sei hier angeführt: Com. in Pol. I. lect. 5. pag. 382 (zu 1255^b 22—30): dicit ergo primo, quod servilis scientia est, qualem quidam in civitate Syracusanorum docuit, qui accepto pretio docuit pueros quaedam ancillaria ministeria, id est docuit eos facere quaedam ministeria, quae ancillae facere consueverunt vel alii servi. Et haec scientia ad plus se extendit quam *ad praeparanda pulmenta* et alia huiusmodi ministeria facienda. Quorum tamen ministeriorum differentia attendatur secundum duo: scilicet secundum dignitatem et necessitatem: quaedam enim sunt honorabiliora, tamen minus necessaria, sicut *ministerium de delicatis cibariis praeparandis:* quaedam autem sunt ministeria magis necessaria, sed minus honorabilia, sicut *ministerium de pane faciendo.* Quia igitur talia ministeria sunt servorum, manifestum est, quod omnes tales *scientiae* sunt *serviles:* unde ad harum differentiam dicuntur aliquae *artes liberales*, quae deputantur ad actus liberorum. — Vergl. auch S. 94 Anm. 1.

gelegt sein könnte, sondern auch, wo er ganz unabhängig von diesen spricht,[1]) führt er aus, dass sie nur ein Teil des häuslichen Besitzes sind, dass sie nur im Haushalt des Herrn ihre Beschäftigung haben.

Aber auch abgesehen davon, dass ihr Dienst nicht in Frohnarbeiten oder Abgaben, sondern nur in Gesindedienst besteht, wird jede Beziehung auf agrarische Verhältnisse schon dadurch ausgeschlossen, dass nach Thomas die Sklaven durchweg aus ganz anderen Nationalitäten stammen als ihre Herren. Darauf kommt es nämlich hinaus, wenn er mit Aristoteles[2]) die Sklaven mit den „Barbaren“ identifiziert. Er versteht darunter, unter Ablehnung anderer Auslegungen, alle diejenigen Völkerschaften,[3]) die nicht durch Vernunft, d. h. durch menschliche Gesetze regiert werden, die also entweder überhaupt ausser Gesetz und Recht oder nur unter unvernünftigen Gesetzen leben. Schon diese Bestimmungen sind doch nicht nur Wiederholungen, sondern zugleich auch Ergänzungen der bekannten aristotelischen Ansichten; und wenn er nun noch hinzufügt, dass das wirkliche Vorkommen solcher Leute seinen Grund habe entweder in dem heissen Klima, das sie stumpf gemacht habe, oder in den schlechten Lebensgewohnheiten, durch die sie ganz vertiert seien,[4]) so darf man darin doch

[1]) Siehe oben S. 79 Anm. 2.

[2]) Pol. I, 1, 5. 1252^{b} 5—9; 2, 18. 1255^{a} 28—32; 3, 8. 1256^{b} 23—26; III, 9, 3. 1285^{a} 20—23 und öfter.

[3]) In ep. ad Rom. I. lect. 5 (tom. 13. pag. 13^{b} ad Rom. 1, 15): Dicitur autem aliquis barbarus dupliciter: uno modo secundum quid, qui scilicet est extraneus quo ad aliquem (1. Cor. 14, 11), alio modo simpliciter, qui scilicet est quasi extraneus a communitate hominum, in quantum ratione non regitur: unde proprie barbari dicuntur, qui ratione non reguntur (2. Marc. 15, 2: „ne ita ferociter ac barbare feceris“ id est inhumane). Et quia Graeci fuerunt primi legum inventores, *omnes gentiles, qui humanis legibus reguntur, nominat Graecos.* — In ep. I. ad Cor. 14. lect. 2 (tom. 13. pag. 269^{b} ad 1. Cor. 14, 11): Nota, quod barbari secundum quosdam dicuntur illi, quorum idioma discordat omnino a latino; alii vero dicunt, quod quilibet extraneus est barbarus omni alii extraneo, quando scilicet non intelligitur ab eo. Sed hoc non est verum, quia secundum Isidorum Barbaria est specialis natio (Col. 3, 11: in Christo Jesu non est Barbarus et Scytha etc.). Sed secundum quod verius dicitur, barbari proprie dicuntur illi, qui in virtute corporis vigent, in virtute rationis deficiunt et *sunt quasi extra leges et sine regimine iuris.* Et huic videtur consonare Aristoteles in Politicis suis.

[4]) Com. in Pol. I. lect. 1 pag. 369 (zu 1252^{b} 5), wo Thomas nach ähnlichen Erörterungen wie die in der vorigen Anm. wiedergegebenen fortfährt: et ideo

wohl erst recht ein Zeugnis dafür erblicken, dass er bei dem Ausdruck „Barbaren“ nicht nur an jene aristotelischen Ausführungen, sondern auch an einzelne Völkerstämme seiner Zeit gedacht hat, deren gemeinsames Charakteristikum er demnach darin erblickte, dass sie es noch nicht zu staatlichem Zusammenleben gebracht haben, sondern noch auf dem Boden ursprünglicher Wildheit stehen, und dass sie, teilweise wenigstens, unter tropischem Klima wohnen. Mitglieder solcher fremden, unzivilisierten Stämme, die durch Krieg und Kauf erworben sind,[1]) und die als Gesinde im Haushalt ihres Herren, daneben vielleicht aber auch manchmal als Lohnarbeiter niederster Art, verwendet werden,[2]) das sind die Leute, an die er denkt, wenn er von Sklaven redet.

Und derartige Leute hat es zu seiner Zeit und noch darüber hinaus in Europa wirklich gegeben. Nur in Grossbritannien scheint thatsächlich seit dem 12. Jahrhundert die Sklaverei vollständig ausgestorben zu sein;[3]) in Deutschland hat sie und der damit notwendig gegebene Sklavenhandel wohl noch im 15. Jahrhundert bestanden, in Frankreich, vor allem im Süden des Landes, sogar bis zur Revolution.[4]) Und Italien hat gerade im 13. Jahrhundert einen bedeutenden Aufschwung in dieser Beziehung erlebt; die hier verhandelten Sklaven waren ihrer Nationalität nach meist Mauren aus

---

simpliciter barbari nominantur illi, qui ratione deficiunt vel propter regionem caeli quam intemperatam sortiuntur, ut ex ipsa dispositione regionis hebetes ut plurimum inveniantur, vel etiam propter aliquam malam consuetudinem in aliquibus terris existentem, ex qua provenit, ut homines irrationales et quasi brutales reddantur. Manifestum est autem quod ex virtute rationis procedit, quod homines rationabili iure regantur, et quod in literis exercitentur. Unde barbaries convenienter hoc signo declaratur, quod homines vel non utuntur legibus vel irrationabilibus utuntur: et similiter quod apud aliquas gentes non sint exercitia literarum etc.

[1]) Com. in Pol. I, lect. 6 pag. 383 f. (zu I, 3, 8. 1256^b 23—26): . . . et pars eius est praedativa, qua oportet uti ad bestias . . . . et ad homines barbaros, qui sunt naturaliter servi, ut supra dictum est, ac si hoc sit bellum iustum secundum naturam. Vom Kauf und Verkauf der Sklaven spricht er im Anschluss an das kanonische Recht oft.

[2]) Siehe oben S. 69 Anm. 7.

[3]) Ashley a. a. O. I, S. 7, 15 f., 70.

[4]) Für Deutschland: Maurer, Fronhöfe II S. 80—93; Waitz, Deutsche Verfassungsgesch. [2] V, S. 204—207; Langer a. a. O. S. 6 Anm. 5 u. 6. — Für Frankreich: Maurer, S. 82; Langer S. 27.

Nordafrika oder Spanien und Sarazenen aus dem Orient; daneben wurden aber auch schon gelegentlich Kaukasier, Tartaren und Neger importiert. Und thatsächlich scheinen diese Leute meist nur als Gesinde verwandt worden zu sein, wenn es auch gelegentlich vielleicht einem oder dem anderen gelang, Handwerker zu werden.[1])

Müssen wir demnach also wohl annehmen, dass Thomas bei seinen Ausführungen über die Sklaverei wirklich an Leute seiner Zeit gedacht hat, und dass er die Ausführungen des Aristoteles auf sie gerade deshalb so leicht hat anwenden können, weil sie im wesentlichen dieselben Arbeiten verrichteten wie die, von denen der antike Philosoph gesprochen hatte, so ist damit nun aber noch nicht entschieden, ob auch alles, was er über die Bedeutung und die Notwendigkeit dieser Einrichtung aus jenem übernommen hat, auf dem Boden seiner Zeit noch Geltung beanspruchen kann. Für Aristoteles war die Notwendigkeit der Sklaverei ja damit gegeben, dass er eine Gliederung der Bevölkerung in verschiedene Berufe und einen dadurch entstehenden Verkehr als wirtschaftliche Notwendigkeit nicht anerkennen wollte, dass für ihn vielmehr jedes einzelne „Haus“ selbständig seinen zum Leben nötigen Bedarf sich verschaffen sollte: da war die Sklaverei wirklich das einzige Mittel, dem „Hause“ die nötigen Arbeitskräfte zu verschaffen und zu erhalten und doch dem Hausherrn Musse zu geistiger und politischer Beschäftigung zu gewähren. Bei Thomas aber wird, wie wir gesehen haben, gerade durch die Berufsgliederung dasselbe erreicht: sie ermöglicht die Versorgung der Gesellschaft mit der nötigen Arbeit, und sie bewirkt, dass einzelne sich geistiger und geistlicher Thätigkeit widmen, und doch auf dem Wege des Verkehrs auch materielle Güter dafür erhalten können.[2]) Eine Notwendigkeit der Sklaverei besteht daher für das Gesellschaftsleben, das er schildert, nicht mehr, und wenn er das doch gelegentlich behauptet, so folgt er dabei eben mehr der Autorität des antiken

[1]) Langer S. 13—26.

[2]) Siehe oben Seite 32—35 und 66.

Philosophen als den Konsequenzen der sonst auch von ihm vertretenen Anschauungen seiner Zeit.

Dem entspricht, dass die Erscheinung, auf die er die Ausführungen über die Notwendigkeit der Sklaverei bezieht, thatsächlich doch nur eine ganz geringfügige Rolle im Gesamtorganismus des Wirtschaftslebens seiner Zeit gespielt hat, so geringfügig, dass sie den Augen der Forscher überhaupt lange verborgen bleiben konnte; nur die allerreichsten Kreise der Bevölkerung werden sich überhaupt den Luxus derartiger Sklaven haben gestatten können. Zudem weiss ja Thomas selbst, dass neben ihnen auch Freigeborene im Gesindedienste thätig sind;[1]) und durch die Existenz der Lohnwerker, die er ja auch kennt,[2]) wird die Bedeutung jener Sklaven wohl noch mehr herabgemindert worden sein. So ergiebt sich schliesslich, dass ihm seine Zeit doch nur einen sehr äusserlichen und unbedeutenden Anknüpfungspunkt für die Neubelebung der aristotelischen Sklavenlehre bot, und dass er aus dem Rahmen seiner sonst geäusserten Ansichten weit hinaustrat, als er deren wirtschaftliche Erwägungen unvermindert auch noch für seine Zeit zu Recht bestehen liess.

Damit haben wir aber ein Ergebnis gewonnen, das zu denen des vorigen Kapitels in zweifacher Beziehung doch wichtige Ergänzungen liefert. Einmal bestätigt es die schon früher ausgesprochene Voraussetzung,[3]) dass die Wirtschaftslehre des Thomas nicht als ein einheitliches System, sondern nur als eine Sammlung von Aussprüchen zu betrachten ist, die, wie sie aus ganz verschiedenen Quellen geschöpft hat, so auch mit Notwendigkeit öfter einander widersprechende Sätze enthalten muss. Auch die Erörterungen des vorigen Kapitels

---

[1]) Com. in Pol. I. lect. 2 pag. 374 (zu 1254ª 15): Unde potest talis definitio servi concludi: servus est organum animatum, activum, separatum, alterius, homo existens .... per hoc autem, quod dicitur *activum* distinguitur a ministro artificis, qui est organum animatum *factivum;* per hoc autem, quod dicitur alterius existens distinguitur *a libero qui quandoque ministrat in domo, non sicut res possessa, sed sponte vel mercede conductus.* — Dieselbe Vorstellung Sent. IV dist. 15, q. 2 art 5. q. 3: Ad tertiam quaestionem dicendum est de servis et ancillis et etiam *de famulis, quamvis sint liberae conditionis* u. s. w.

[2]) Siehe oben Seite 69—71.

[3]) Siehe oben Seite 26.

sind daher nicht so zu verstehen, als ob Thomas etwa mit Bewusstsein das wirtschaftliche Leben seiner Zeit systematisiert habe; wir sehen vielmehr, wie wenig er selbst sich der grundlegenden Bedeutung der Berufsgliederung deutlich bewusst geworden ist, die doch thatsächlich in jenen Erörterungen überall hervortrat. — Und damit hängt das andere eng zusammen, was das hier gewonnene Ergebnis uns lehrt: er selbst ist sich der Abweichungen seiner Auffassung von Aristoteles durchaus nicht bewusst geworden: er glaubt überall nur dessen Gedanken wiederzugeben, auch wo er sich weit von ihm entfernt; darum merkt er dann auch nicht, dass er in Widerspruch mit sich selbst gerät, wenn er ihm an einer anderen Stelle einmal wirklich folgt.

Viertes Kapitel.

Das Eigentum.

Wie richtig die Beobachtung ist, die wir am Ende des letzten Kapitels und schon früher mehrfach gemacht haben, dass wir in der Wirtschaftslehre des Thomas kein festgeschlossenes und nach einheitlichen Gesichtspunkten ausgearbeitetes System vor uns haben, sondern nur eine Reihe einzelner, relativ unabhängig nebeneinander stehender Gedankenkomplexe, das zeigt auch die Art, wie er über die letzte der noch zu behandelnden Grundlagen des Wirtschaftslebens, über das Eigentum, spricht. Es hätte ja nahe gelegen, auch diese Einrichtung mit der Notwendigkeit der gesellschaftlichen Arbeitsteilung und des Verkehrs oder mit der naturrechtlichen Verpflichtung zur Arbeit in Verbindung zu bringen, etwa in der Art, wie dies letztere wirklich von Nationalökonomen und Philosophen öfter versucht worden ist. Aber Thomas konstruiert eine solche Verbindung thatsächlich nicht; seine Begründung der Notwendigkeit des Privateigentums hält sich von jenen früher betrachteten Erörterungen relativ unabhängig und knüpft an andere, dort noch nicht betrachtete Seiten des menschlichen Seelenlebens an. Nichtsdestoweniger gehören seine Erwägungen darüber auch noch zu diesem ersten Hauptteil unserer Untersuchung, weil es sich auch für Thomas hierbei um eine unbedingt notwendige und darum grundlegende Einrichtung des wirtschaftlichen Lebens handelt.

Damit haben wir nun freilich schon einen Satz ausgesprochen, der in den bisherigen Darstellungen seiner Eigentumslehre durchaus nicht allseitige Anerkennung gefunden hat;

vielmehr ist über diese zwischen katholischen und protestantischen Theologen ein ziemlich heftiger Streit geführt worden. Unter diesen hat sie zunächst Uhlhorn[1]) als eine ideal-kommunistische hingestellt, der die Gütergemeinschaft als die einzig natürliche Eigentumsordnung, das Privateigentum aber nur als eine Folge der Sünde gelte. Noch nachdrücklicher hat dann Albrecht Ritschl[2]) in seiner bekannten Jubiläumsrede die Behauptung verfochten, dass nach Thomas die Gütergemeinschaft als ein Gebot des Naturrechts die eigentliche Norm des menschlichen Gemeinschaftslebens sei, wie denn überhaupt sozialistische Grundsätze von jeher in der katholischen Kirche Heimatsrecht gehabt hätten. Von katholischer Seite ist dieser Auffassung in einer Streitschrift gegen Ritschl zunächst der Münchener Philosoph von Hertling[3]) entgegengetreten, der zu beweisen suchte, dass Thomas und die katholische Kirche überhaupt vielmehr das Privateigentum als das Naturgemässe immer geschätzt und verteidigt habe. Einige Jahre später hat dann die Münchener theologische Fakultät als Preisaufgabe eine Vergleichung der Eigentumslehre des Thomas mit der des modernen Sozialismus gefordert und in der preisgekrönten Arbeit[4]) von Walter die Antwort erhalten, dass nach Thomas gerade das Privateigentum eine Forderung des Naturrechtes sei, eine Auffassung, der sich auch andere katholische Theologen angeschlossen haben.[5]) Ihre evangelischen Gegner dagegen[6]) haben sich durch diese Darlegungen in ihrem Urteil über den

---

[1]) Uhlhorn, Vorstudien zu einer Geschichte der Liebesthätigkeit im Mittelalter (Zeitschrift f. Kirchengeschichte IV, 1881 S. 52—64).

[2]) Ritschl, Festrede zur Feier des 150jährigen Bestehens der Universität Göttingen 1887.

[3]) v. Hertling, Zur Beantwortung der Göttinger Jubiläumsrede. Münster — Paderborn 1887 S. 9—21.

[4]) Siehe oben S. 7 Anm. 2.

[5]) Cathrein, Das Ius Gentium im römischen Recht und beim heiligen Thomas v. Aquin. (Philos. J. B. d. Görres Gesellschaft II, 1889 S. 37—388). — Simon Deploige: La théorie thomiste de la propriété (Revue Néo-Scolastique. Publiée par la Société Philosophique de Louvain. 1895. S. 61—82; 163—175; 286—301). — Schneider, Die sozialistische Staatsidee etc. S. 93 ff. (S. 75 ff. eine freie und recht willkürliche Uebersetzung aus dem Kommentar zur „Politik“).

[6]) Z. B. Gottschick: (Theol. Lit. Zeitung XIII. 1888. Spalte 407—410). — Wendt, Das Eigentum nach christlicher Beurteilung (Verhandlungen des 8. evangelisch-sozialen Kongresses, abgehalten zu Leipzig am 10. und 11. Juni 1897.

Kommunismus des Thomas nicht wankend machen lassen; sie haben bei ihm wohl vor allem vermisst, dass er nicht die Notwendigkeit des Eigentums auch „für die Entfaltung der sittlichen Persönlichkeit des Menschen" betont habe, eine Anschauung, die freilich in Deutschland erst von Fichte[1]) geäussert worden ist, deren Nichtvorhandensein man also einem mehr als 5 Jahrhunderte früher lebenden Autor nicht gar so sehr zum Vorwurf machen dürfte.

Von Nationalökonomen hat sich unseres Wissens ausführlicher nur Ashley[2]) über die Frage geäussert, wohl ohne nähere Kenntnis jenes interkonfessionellen Streites. Seine kurzen Andeutungen über den Unterschied des Thomas von den Kirchenvätern und über seine Abhängigkeit von Aristoteles haben unseres Erachtens das Richtige getroffen, wie das die folgende Darstellung näher zeigen soll.

Die Frage nach Recht oder Unrecht des Privateigentums wird von Thomas nur als Einleitung zu den Ausführungen über Diebstahl und Raub behandelt,[3]) immerhin aber doch ausführlich genug, dass wir daraus seine prinzipielle Stellung erkennen können. Als erste Voraussetzung für den Begriff des Eigentums stellt er hier den Satz auf, dass der Mensch überhaupt zur Herrschaft über die Naturdinge berufen sei, und dass diese nur für ihn da seien. Der Beweis dafür wird ihm leicht, da seine christliche wie seine philosophische Autorität in diesem Satze übereinstimmen.[4])

Göttingen 1897) S. 19. — Luthardt a. a. O. I, 294. — Hierher gehört auch Antoniades (siehe oben S. 6 Anm. 1) S. 63—66, der zwar die Absicht des Thomas, den Kommunismus abzulehnen, anerkennt, aber doch den thatsächlich sozialistischen Charakter seiner Auffassung betont.

[1]) Laveleye-Bücher, Das Ureigentum 1879 S. 527. — Adolph Wagner, Grundlegung der politischen Oekonomie, 3. Aufl. 1894 II, S. 211. Ueber die wissenschaftliche und praktische Brauchbarkeit dieses Gedankens, siehe ebenda S. 219—232.

[2]) Ashley, Artikel Aquinas im Dictionary. — Eine kurze Erwähnung der Thatsache, dass Thomas Gegner des Kommunismus ist, auch bei Lippert (Handwörterbuch d. Staatswiss., Art. Thomas von Aquin).

[3]) Siehe oben S. 19 Anm. 3.

[4]) q. 66 art 1 c: Respondeo dicendum, quod res exterior potest dupliciter considerari: uno modo quantum ad eius naturam, quae non subiacet humanae potestati, sed solum divinae, cui omnia ad nutum obediunt; alio modo quantum ad

Zu eingehenderen Erörterungen giebt ihm und uns daher erst die Frage Anlass, ob nun — jenes allgemeine Verfügungsrecht der Menschen im ganzen vorausgesetzt — auch der einzelne das Recht habe, eine bestimmte Sache als sein Eigentum zu besitzen. Zur Beantwortung dieser Frage[1]) führt Thomas eine seiner ja auch sonst so beliebten Unterscheidungen ein, indem er zwei Arten von Beziehungen des Menschen zu äusseren Gütern feststellt: einmal kann dabei nämlich die Verwaltung und Bewirtschaftung der Güter in Betracht kommen, andererseits die Nutzung oder die Konsumtion. Hinsichtlich dieser letzteren darf der Mensch nichts als sein eigen betrachten, sondern soll all sein Gut durchaus als gemeinsames schätzen; hinsichtlich der Verwaltung und Bewirtschaftung aber ist es nicht nur erlaubt, sondern sogar notwendig für den Bestand des menschlichen Lebens, dass die irdischen Güter in Privateigentum übergehen. Nimmt man zu dieser prinzipiellen Erklärung die andere hinzu, dass jener Kommunismus der Konsumtion sich ausdrücklich nicht auf den Besitz, sondern nur auf die Nutzung bezieht und in concreto lediglich darin besteht, dass man gern anderen in ihrer Not aushelfe, so wird

---

usum ipsius rei; et sic habet homo naturale dominium exteriorum rerum, quia per rationem et voluntatem potest uti rebus exterioribus ad suam utilitatem, quasi propter se factis; semper enim imperfectiora sunt propter perfectiora, ut supra habitum est. Et ex hac ratione *Philosophus* probat, quod possessio rerum exteriorum est homini naturalis. Hoc autem naturale dominium super ceteras creaturas, quod competit homini secundum rationem, in qua *imago Dei* consistit, manifestatur in ipsa hominis creatione etc. (1. Mos. 1, 26 f.). — Im arg. sed contra wird noch Ps. 8, 8 angeführt. — Derselbe Gedanke wird im einzelnen ausgemalt: Contr. gent. III, 22 am Ende.

[1]) q. 66 art 2 c: Respondeo dicendum, quod circa rem exteriorem duo competunt homini: quorum unum est potestas procurandi et dispensandi, et quantum ad hoc licitum est, quod homo propria possideat. *Est etiam necessarium ad humanam vitam propter tria: primo* quidem, quia magis sollicitus est unusquisque ad procurandum aliquid, quod sibi soli competit, quam id, quod est commune omnium vel multorum; quia unusquisque laborem fugiens relinquit alteri id, quod pertinet ad commune, sicut accidit in multitudine ministrorum; *alio modo*, quia ordinatius res humanae tractantur, si singulis imminet propria cura alicuius rei procurandae; esset autem confusio, si quilibet indistincte quaelibet procuraret; *tertio*, quia per hoc magis pacificus status hominum conservatur, dum unusquisque re sua contentus est. Unde videmus, quod inter eos, qui communiter et ex indiviso aliquid possident, frequentius iurgia oriuntur. — Aliud vero quod competit homini circa res exteriores, est usus ipsarum; et quantum ad hoc *non debet homo habere res exteriores ut proprias, sed ut communes*, ut scilicet de facili aliquis eas communicet in necessitate aliorum. Daher 1. Tim. 6, 17.

man zunächst wohl wenigstens zugeben müssen, dass Thomas an dieser Stelle jedenfalls als Verteidiger des Privateigentums sprechen will. Allerdings ist es nicht der starre Begriff des Eigentums als des in sich unbeschränkten Verfügungsrechtes über eine Sache, wie ihn das römische Recht ausgebildet hatte,[1]) den er hier vorträgt; und wenn das der Sinn des ihm von protestantischer Seite gemachten Vorwurfs sein soll, dass er nicht den vollen Eigentumsbegriff habe,[2]) so ist das ohne weiteres zuzugeben. Aber es ist doch zu betonen, dass Thomas darin nicht anders steht, als der, der der älteste Verteidiger des Privateigentums gegen kommunistische Utopien war, als Aristoteles; denn auf niemand anders als auf diesen geht seine ganze Eigentumslehre zurück.

Näher sind es besonders die wirtschaftlichen und allgemein gesellschaftlichen Erwägungen dieses Philosophen, die Thomas aufgenommen hat. Nach Aristoteles fällt bei Privateigentum ein Hauptanlass zu Streitigkeiten fort, den gemeinsamer Besitz einer Sache erfahrungsgemäss immer bietet; und jeder wird sich mit doppelter Lust an seine Arbeit machen, weil er weiss, dass er seine eigenen Geschäfte besorgt.[3]) Bei Thomas kehren diese Gedanken in der Form wieder,[4]) dass in dem Reiz zu grösserem Fleiss, den das Privateigentum schafft, und in der Sicherstellung eines friedlicheren Zusammenlebens, die es bietet, der Grund liege, warum diese Einrichtung für das menschliche Leben notwendig ist. Und wenn er dann noch hinzufügt, dass dadurch auch grössere Ordnung in die Besorgung der menschlichen Angelegenheiten komme, weil jeder jetzt nur

---

[1]) Puchta a. a. O. II, 262; Sohm 224. Uebrigens definiert Thomas ebenso, wo es sich nur um eine logische Begriffserklärung handelt: Quaest. disp. de malo, q. 13 art 1 c; de veritate, q. 7 art 7 c; Sent. 1 dist. 2 exp. text. am Ende; dist. VIII q. 2 art 1 ad 6.

[2]) So Uhlhorn a. a. O. Seite 52 unten. — Zu einem derartigen Vorwurf ist auch deshalb kein Anlass, weil die „natürlich-ökonomische Eigentumstheorie“ des Aristoteles und Thomas, nur wenig modifiziert, noch von Nationalökonomen wie Roscher, Mill u. a. vertreten worden ist. Laveley-Bücher a. a. O. 524 ff. Wagner a. a. O. 212.

[3]) Pol. II, 2, 4. 1263^a 22—30; ebenso 5. 1263^a 37—40; IV, 9, 6. 1329^b 41—30^a, 2.

[4]) Siehe oben S. 99 Anm. 1. Zum ersten Argument vergl. noch Pol. II, 1, 10. 1261^b 33—38.

noch für einen bestimmten Kreis von Aufgaben verantwortlich sei, so liegt das ja auch noch ganz im Rahmen der aristotelischen Betrachtungsweise. — Aus dieser stammt andererseits auch die Lehre, die man so oft als Empfehlung der Gütergemeinschaft gedeutet hat, dass die Nutzung der Güter gemeinsam sein solle: über den Sinn, den Aristoteles damit verband, wenn er sie durch das Sprichwort erklärte, dass „unter Freunden alles gemeinsam“ sei, geht auch Thomas nicht hinaus, wenn er darin eine Empfehlung der Mildthätigkeit und Freigebigkeit erblickt,[1]) und wenn er eine Erfüllung jener aristotelischen Forderung schon in der bekannten Armengesetzgebung des alten Testamentes verwirklicht findet.[2])

Allerdings hat Aristoteles neben jenen rein gesellschaftlichen auch noch ethische Gründe zur Würdigung des Privateigentums beigebracht; so die Freude des Menschen an eigenem Besitz; die Möglichkeit, seinen Freunden etwas Gutes zu erweisen u. a. m.[3]) Diese Gedanken hat Thomas an der Stelle nicht wiederholt, wo er ex professo über Recht und Unrecht des Privateigentums spricht; aber im Kommentar giebt er sie doch vollständig und richtig wieder,[4]) und auch sonst kommt

---

[1]) Com. in Pol. II, lect. 4 p. 411: et hoc modo erunt possessiones divisae, sed propter virtutem civium, *qui erunt in invicem liberales et benefici*, erunt communes secundum usum, sicut dicitur in proverbio, quod ea, quae sunt amicorum, sunt communia.

[2]) S. th. II, 1 q. 105 art 2 c. . . . . Sed circa res possessas optimum est, sicut dicit Philosophus, quod possessiones sint distinctae, et usus sit partim communis, partim autem per voluntatem possessorum communicetur. Et haec tria fuerunt in lege statuta: . . . . secundo vero instituit lex, ut quantum ad aliqua usus rerum esset communis; et primo quantum ad curam (5. Mos. 22, 1) . . . .; secundo quantum ad fructum: concedebatur enim communiter quantum ad omnes, ut ingressus in vineam amici licite comedere posset, dum tamen extra non deferret, quantum ad pauperes vero specialiter, ut eis relinquerentur manipuli obliti, et fructus, et racemi remanentes, ut habetur; et etiam communicabantur ea, quae nascebantur in septimo anno, ut habetur. — Tertio vero statuit lex communicationem factam per eos, qui sunt rerum domini: unam pure gratuitam (5. Mos. 14, 28) . . . ., aliam vero cum recompensatione utilitatis, sicut per venditionem et emtionem etc.

[3]) Pol. II, 2, 6. 7. 9. 1263a 40—b13; b27—29.

[4]) Com. in Pol. II, lect. 4. pag. 411 f.: Secundam rationem ponit ibi: „Adhuc autem et ad delectationem etc.“ Et dicit, quod non potest de facili enarrari, quantum sit delectabile reputare aliquid esse sibi proprium. Venit enim haec delectatio ex hoc, quod homo amat se ipsum; propter hoc enim vult sibi bona. *Nec hoc est vanum, quod aliquis habet amicitiam ad se ipsum; sed naturale est.* Quandoque tamen iuste vituperatur aliquis ex hoc, quod est amator

er gelegentlich auf einige von ihnen zurück.[1]) Man kann also wohl kaum sagen, dass sie ihm ganz fern gelegen haben, was ja übrigens für einen Bettelmönch, der für seine Person in gänzlicher Besitzlosigkeit lebte, auch nicht allzu verwunderlich gewesen wäre.

Mag dem nun aber sein, wie ihm wolle, das Ergebnis der bisherigen Untersuchung ist doch zweifellos das, dass Thomas selbst sich jedenfalls als Verteidiger der Rechtmässigkeit und Notwendigkeit des Privateigentums fühlt, dass er ebenso wie Aristoteles den Kommunismus bekämpfen will, und dass er sich dabei ganz an dessen Argumentation angeschlossen hat. Diese Thatsache erhält nun aber erst dann ihre volle Bedeutung, wenn man ihr die Einwürfe gegenüberstellt, die unser Theologe nach scholastischer Methode sich selbst gesucht hat.[2]) Von ihnen ruht der erste auf dem Satze, dass „nach 'Naturrecht' alles gemeinsam ist"; nach diesem positiven Gebote des Natur-

---

sui ipsius; sed quando hoc in vituperium dicitur, non est hoc simpliciter amare se ipsum, sed magis quam oportet; sicut et amatores pecuniarum vituperantur, *quas tamen omnes aliquo modo amant:* quia amatores pecuniarum vituperantur, in quantum amant eas magis quam oportet. Hanc autem delectationem, quae est de rebus propriis habendis, aufert lex Socratis. — Tertiam rationem ponit ibi, „At vero et largiri etc." Et dicit quod valde delectabile est, quod homo donet vel auxilium ferat *vel amicis vel extraneis vel quibuscumque aliis;* quod quidem fit per hoc, quod homo habet propriam possessionem; unde etiam hoc bonum tollit lex Socratis auferens proprietatem possessionum etc.

[1]) Z. B. Besitz äusserer Güter, wenn auch nicht Inhalt, so doch Bedingung der irdischen Glückseligkeit. S. th. II, 1 q. 4 art 7 c und öfter. — Geld und andere äussere Güter als Stoff der Freigebigkeit: II, 2 q. 17 art 3 c und öfter. — Irdische Güter nötig zur Erziehung der Kinder und zur Erhaltung der Familie: Contr. gent. III 127; Sent. IV dist. 33 q. 2 art 1 c (s. unten S. 115 Anm. 3).

[2]) S. th. II, 2 q. 66 art 2 obiecta: 1. Videtur, quod non liceat alicui rem aliquam quasi propriam possidere. Omne enim, quod est contra ius naturale, est illicitum. Sed *secundum ius naturale omnia sunt communia;* cui quidem communitati contrariatur proprietas possessionum. Ergo illicitum est quilibet homini appropriare sibi aliquam rem exteriorem. — 2. Praeterea, *Basilius* dicit exponens praedictum verbum divitis (nämlich Luc. 12, 18): „Sicut qui praeveniens ad spectacula prohiberet advenientes appropriando sibi, quod ad communem usum ordinatur, similes sunt divites, qui communia, quae occupaverunt, aestimant sua esse". Sed illicitum esset praecludere viam aliis ad potiendum communibus bonis. Ergo illicitum est appropriare sibi aliquam rem communem. — 3. Praeterea *Ambrosius* dicit, et *habetur in Decretis* (dist. 47 c 8 § 3): „Proprium nemo dicat, quod est commune." Appellat autem commune res exteriores, sicut patet ex his, quae praemittit. Ergo videtur illicitum esse, quod aliquis appropriet sibi aliquam rem exteriorem.

rechts ist es unrecht, dass ein Mensch Privateigentum besitzt.

Was dieses Argument zu bedeuten hat, kann man erst dann richtig ermessen, wenn man weiss, dass jene naturrechtliche Forderung des Kommunismus ein Satz des kanonischen Rechtes ist,[1]) der obersten Autorität, die Thomas überhaupt hat. Und in dieselbe Richtung weisen die beiden anderen Worte, die er seiner eignen Meinung gegenüberstellt, sowohl das des Basilius († 374), nach dem Eigentum nur als eine Folge unrechtmässiger Gewaltthat erscheint, wie das des Ambrosius († 397), wonach alle äusseren Güter gemeinsam sein sollen, das übrigens auch in das kanonische Recht übergegangen ist: immer ist es die Autorität der kirchlichen Vergangenheit, die ihm als Scholastiker doch vor allem hätte massgebend sein müssen, die hier als Gegner seiner eignen Meinung erscheint. Zwar hat er andererseits auch ein aus diesen Kreisen stammendes Wort als Gegenautorität gegen jene herangezogen; aber dies Wort, eine Stelle aus dem Ketzerkatalog Augustins,[2]) enthält nur den Gedanken, dass Eigentum nicht gerade absolut verboten ist, dass sein Besitz nicht an sich schon den Menschen vom ewigen Heil ausschliesst, wenn es auch zugeben muss, dass in der Kirche thatsächlich viele darauf verzichtet haben. Das deckt sich aber bei weitem nicht mit der Ansicht des Thomas, der ja vielmehr die Notwendigkeit des Privateigentums für das menschliche Gemeinschaftsleben nachweisen will. Wenn wir nun sehen, wie er in der positiven Begründung dieses Satzes sich lediglich auf aristotelische Gedanken stützt, zu den Urteilen der kirchlichen Vergangenheit aber sich vorwiegend negativ verhält, so können wir den Schluss kaum von der Hand weisen, dass er eben die Stellung der alten Kirche zu Eigentum und Besitz nicht mehr geteilt, sondern dass er unter dem Einfluss des Aristoteles neue Gedanken darüber in

---

[1]) Siehe unten S. 107 Anm. 4 und S. 108 Anm. 1.

[2]) q. 66 art 2: *Sed contra* est quod Augustinus dicit: 'Apostolicii dicuntur, qui se hoc nomine arrogantissime vocaverunt eo, quod in suam communionem non acciperent utentes coniugibus et res proprias possidentes, *quales habet catholica Ecclesia et monachos et clericos plurimos.*' Sed ideo isti haeretici sunt, quia se ab Ecclesia separantes *nullam spem putant eos habere, qui utuntur his rebus, quibus ipsi carent.* Est ergo erroneum dicere, quod non liceat homini propria possidere. — Dieselbe Stelle wird benutzt: Contr. gent. III, 127.

die kirchliche Lehre eingeführt habe. Das würde aber für die Beurteilung seiner Wirtschaftslehre überhaupt von solcher Bedeutung sein, dass es sich wohl verlohnt, noch etwas näher darauf einzugehen. Dazu ist nun zunächst nötig, dass wir die Stellung uns kurz vor Augen führen, die die alte Kirche selbst in Theorie und Praxis dem Eigentum gegenüber eingenommen hat.[1])

Von Anfang an ist in den christlichen Gemeinden die Anschauung gepflegt worden, dass niemand seinen Besitz als sein Eigentum betrachten, sondern dass jeder ihn als gemeinsames Gut schätzen solle, das mehr den Bedürfnissen der Brüder, als den eigenen zu dienen bestimmt sei; denn als ein auf Liebe gegründeter Bruderbund soll die Gemeinde sich fühlen.[2]) Mit dem allmählichen Verschwinden der alten Gemeinden aber und mit dem Aufkommen der bischöflichen Parochialverfassung ändert auch diese Anschauung ihren Charakter. Das „gemeinsame Leben" der ersten Zeit, typisch vorgebildet in der Urgemeinde zu Jerusalem, wird ein Ideal des menschlichen Lebens überhaupt, ein Ideal, das sich freilich nur im Mönchtum ganz verwirklichen lässt, das aber doch den Anspruch erhebt, auch für die ganze Gesellschaftsordnung überhaupt Gültigkeit zu besitzen. In diesem Sinne trägt es Chrysostomos gelegentlich seiner konstantinopolitanischen Gemeinde vor;[3]) in diesem Sinne

---

[1]) Das Quellenmaterial zu der folgenden Skizze ist vor allem aus folgenden Darstellungen geschöpft. Hundeshagen, Der Kommunismus und die asketische Sozialreform im Laufe der christlichen Jahrhunderte (Theol. Stud. u. Krit. 1845. Bd. II.) — Uhlhorn, Liebesthätigkeit² S. 45 f., 51, 74, 127 f., 176—181, 315—316. — Wendt a. a. O. (s. oben S. 97 Anm. 6), S. 12—21. — Einzelnes auch bei Roscher, System der Volkswirtschaft, 10. Aufl. 1873. I. S. 162 Anm. 3. Das verhältnismässig reichhaltige Material bei Kautz (s. oben S. 5 Anm. 2) ist leider nicht zu verwerten, da bei der grossen Ungenauigkeit der Stellenangaben eine Nachprüfung meist nicht möglich ist. — Einige Bemerkungen bei Harnack a. a. O. (s. oben S. 10 Anm. 2), S. 144—155. — Siehe auch die ausgezeichnete Skizze bei Ashley, Wirtschaftsgeschichte I, 129—131. — Die Darstellung von Kautsky (Geschichte des Sozialismus in Einzeldarstellungen I, 1. Stuttgart 1895. S. 21—35) ist hier ganz unbrauchbar.

[2]) Z. B. Act. 4, 32; Barn. 19, 8; Iustin. Apol. I 14, 2; Tert. Apolog. c. 39 (ed. min. Oehler pag. 131 oben).

[3]) Vergl. die merkwürdige Predigt des Chrysostomos († 407), in der er seiner konstantinopolitanischen Gemeinde u. a. vorrechnet, wie sie bei Gütergemein-

wiederholen es noch die pseudo-isidorischen Dekretalen, die sich ganz nach alter Weise dafür neben dem Vorbild der Urgemeinde in Jerusalem auch auf das des platonischen Idealstaates berufen.[1] Von hier aus ist diese Gedankenreihe dann als Begründung für das „gemeinsame Leben“ der Kleriker auch in das Dekret Gratians übergegangen und hat so thatsächlich für das ganze Mittelalter offizielle Gültigkeit besessen.

Mit diesem kommunistischen Ideal des „gemeinsamen Lebens“ verbinden sich nun schon frühzeitig Gedanken, die der asketischen Stimmung der alten Kirche entstammen. Die völlige Verzichtleistung auf eigenen Besitz, die man ursprünglich wohl nur von den als Evangelisten umherziehenden Brüdern gefordert hatte,[2] wird seit dem dritten Jahrhundert ein Merkmal der christlichen Vollkommenheit überhaupt. Das asketische Ideal, das sich im Mönchtum mit jenem kommunistischen verbindet, beherrscht von nun an die Gedanken der Kirche: seine Wirkung ist nirgends deutlicher zu erkennen, als in der Veränderung, die es in der Auffassung des Almosens hervorruft. Wurde dieses früher nur geschätzt als notwendige und selbstverständliche Folge der christlichen Bruderliebe, die ohne

---

schaft nach Art der Jerusalemer Gemeinde viel billiger leben könne als jetzt. Hier begegnet uns übrigens auch schon der Ausdruck: *οὐκ ἂν οὐρανὸν ἐποιήσαμεν τὴν γῆν;* aber die Menschen fürchten seiner Erfahrung nach die Gütergemeinschaft mehr als den Sprung ins tiefe Meer! In Acta Apost. hom. 11 (ed. Montfaucon Paris 1837. tom. IX p. 107—109).

[1]) Decreta Clementis c. 82 (ed. Hinschius, Leipzig 1863. p. 65 = Decret. Grat. causa 12 q. 1 c. 2): Communis vita *omnibus* est necessaria, fratres, et maxime his, qui Deo inreprehensibiliter militare cupiunt, et vitam apostolorum eorumque discipulorum imitari volunt. Communis enim usus omnium, qui sunt in hoc mundo, *omnibus* hominibus esse debuit; sed per iniquitatem alius hoc dixit esse suum et alius istud et sic inter mortales facta est divisio. Denique *Graecorum quidam sapientissimus*, haec ita esse sciens, communia debere, ait, esse amicorum omnia: in omnibus autem sunt sine dubio et coniuges; et sicut non potest, inquit, dividi aer neque splendor solis, ita nec reliqua, quae communiter omnibus data sunt ad habendum, dividi habere, sed habenda esse communia .... Istius enim consuetudinis more retento etiam *apostoli* eorumque discipuli, ut praedictum est, una nobiscum et vobiscum communem vitam duxerunt ..... Quapropter haec cavenda vobis mandamus et doctrinis et exemplis apostolorum obedire praecipimus, quia hi, qui mandata eorum postponunt, non solum rei, sed etiam extorres fiunt. *Quae non solum vobis cavenda, sed etiam omnibus praedicanda sunt* etc.

[2]) Vergl. die Nachweise bei Wendt a. a. O. S. 17 Anm. 4.

diese ganz wertlos sei,[1]) so wird es jetzt auch um seiner selbst willen gepriesen, als ein Werk der freiwilligen Besitzentäusserung, das eben in diesem asketischen Charakter an sich schon seinen Wert habe. — Eine positive oder gar wirtschaftliche Würdigung des Eigentums ist natürlich auf diesem Boden unmöglich. Der Besitz wird nur darum geschätzt, weil er die Möglichkeit giebt, im teilweisen Verzicht darauf ein gutes Werk zu thun.

Aber die rechtliche Geltung der Eigentumsordnung ist dadurch noch ebenso wenig angetastet, wie durch jenes kommunistische Ideal des „gemeinsamen Lebens"; überhaupt hat die Kirche eine theoretische Begründung ihrer Stellung zum Eigentum zunächst nicht versucht. Das thun erst die Kirchenväter des vierten Jahrhunderts, und mit ihnen setzt eine dritte Gedankenreihe ein, die nun auch auf Grund rechtsphilosophischer Deduktionen die Berechtigung des Privateigentums zu bestreiten sucht.

Diese neue Theorie ist vor allem von Basilius dem Grossen[2]) und von Ambrosius[3]) in die kirchliche Wissenschaft und Predigt eingeführt worden, also gerade von den beiden Kirchenvätern, deren Worte Thomas als Einwurf gegen seine eigene Ansicht zitiert. In Anlehnung an ähnlich lautende Aussprüche der Stoiker führen sie aus, dass die irdischen Güter von Natur den Menschen ursprünglich zu gemeinsamem Besitz und Genuss gegeben worden seien; dann aber hätten einige sich von diesem gemeinsamen Besitz mehr, als sie für ihre Person brauchten, angeeignet: dadurch sei das Privateigentum entstanden, und mit ihm der Unterschied von reich und arm. Demnach ist

---

[1]) Z. B. 1. Cor. 13, 3.

[2]) Homilia in illud dictum Evang. sec Lucam (12, 18): 'destruam horrea mea et maiora aedificabo', itemque de avaritia (ed. Maur. tom. II. p. 43—50). Besonders pag. 49E und 50. Thomas hat diese Predigt mehrfach zitiert: so S. th. II, 2 q. 66 art 2 obi. 2 (siehe oben S. 102 Anm. 2); q. 117 art 1 ad 1; q. 118 art 4 obi. 2; Quaest. disp. de malo XIII art 2 ad 4.

[3]) De officiis I, 28 (ed. Migne, tom. 16. p. 58 nr. 132 und 137). — Vergl. ähnliche Aussagen von ihm bei Uhlhorn Seite 176; Foerster (Ambrosius, Bischof von Mailand. Halle 1884) Seite 195 f. und Luthardt a. a. O. I, 179; ausserdem die Decret. Grat. dist. 47 c. 8 § 3 und § 4 wiedergegebene Stelle, die einer Ueberarbeitung der in der vorigen Anm. genannten Predigt des Basilius entnommen ist, aus der Thomas S. th. II, 2. q. 66 art 2 obi. 3 (siehe oben S. 102 Anm. 2) und q. 185 art 7 obi. 1. zitiert hat.

ihnen Besitz von Reichtum an sich schon eine Ungerechtigkeit. „Jeder Reiche ist entweder ein Ungerechter oder der Erbe eines Ungerechten“, ist ein Sprichwort, das auch Hieronymus zustimmend zitiert.[1]) Daher gehört der überflüssige Besitz des Reichen von Rechts wegen dem Armen: ihm ihn verweigern wollen, ist nicht nur lieblos, nicht nur unbarmherzig, sondern in erster Linie eine Ungerechtigkeit. „So vielen Menschen du geben könntest, so vielen fügst du eine Ungerechtigkeit zu“, wenn du ihnen nämlich nicht giebst, sagt Basilius; und Ambrosius bestätigt das: „es ist ungerecht nach Reichtum zu streben, Geld oder Landbesitz anzusammeln u. s. w.; denn das heisst nur, einem andern entreissen, was ihm gehört.“ Reichtum ist Raub an dem Armen, das ist der Satz, den diese Kirchenväter beständig variieren.[2])

Die Folge davon ist, dass nun auch das Almosen wieder eine neue Bedeutung erhält: es dient jetzt neben allem andern auch dazu, die in der Eigentumsverteilung liegende Ungerechtigkeit in etwas wenigstens wieder gut zu machen. In der Ethik des Ambrosius und in allen folgenden wird daher die Lehre vom Almosen unter die von der Gerechtigkeit subsumiert.[3])

Diese nicht nur asketisch gestimmte, sondern auch rechtsphilosophisch begründete Verwerfung des Privateigentums als einer Verkehrung der ursprünglichen Naturordnung, als eines Verstosses gegen das „Naturrecht“, ist durchaus die herrschende Theorie in der Kirche geblieben. Für Isidor von Sevilla († 636), jenen grossen Sammler, der das theologische Erbe der alten Kirche dem Mittelalter überliefert und darum bei diesem immer in besonders hohem Ansehen gestanden hat, steht diese Theorie so fest, dass er sie einfach in den Text eines von ihm exzerpierten römischen Juristen hineininterpretiert, der seinerseits nur das Gemeineigentum an Wasser, Ufer und Luft auf das „Naturrecht“ zurückgeführt hatte.[4]) Und dieser Ausspruch

[1]) Siehe die Stelle bei Uhlhorn Seite 177.

[2]) Siehe ausser den angeführten Stellen die Aussprüche des Chrysostomos und Gregor von Nazianz bei Uhlhorn Seite 177.

[3]) Uhlhorn Seite 182.

[4]) Etymolog. V, 4, 1. 2. (ed. Migne, tom. 82): Quid sit ius naturale? Ius aut iustum naturale est commune omnium nationum, et quod ubique instinctu naturae,

des Isidor, dass das „Naturrecht gemeinsamen Besitz aller Güter" fordere, ist, wie seine rechts-philosophischen Definitionen überhaupt, in das kanonische Recht übergegangen und von Gratian noch ausdrücklich wiederholt worden.[1])

So hat die kommunistische Theorie vom vierten[2]) bis zum zwölften Jahrhundert unbestritten in der Kirche geherrscht, ebenso unbestritten, wie das praktisch-kommunistische Ideal des „gemeinsamen Lebens" und die asketische Verachtung jeglichen Besitzes. Das will nun nicht besagen, dass man je daran gedacht hätte, irgendwie die Geringachtung einzelner konkreter Eigentumsrechte zu beschönigen. Das Gebot: „Du sollst nicht stehlen" hat die Kirche vielmehr immer mit aller Schärfe und mit allen Konsequenzen ihren Gliedern eingeschärft. Nichtsdestoweniger aber hat sie das Privateigentum im ganzen doch immer nur als einen Abfall von der ursprünglichen Naturordnung, als einen Verstoss gegen das „Naturrecht" betrachtet, der nur durch teilweisen Verzicht auf eignen Besitz im Almosen wieder gutgemacht werden könne.

---

non constitutione aliqua habeatur, ut: viri et feminae coniunctio, liberorum susceptio et educatio, *communis omnium possessio et omnium una libertas*, acquisitio eorum, quae caelo terra marique capiuntur. Item depositae rei vel commodatae restitutio, violentiae per vim repulsio; nam hoc aut si quid huic simile est nunquam iniustum, sed naturale aequumque habetur. — Dieser Satz geht wahrscheinlich auf Ulpians Institutionen zurück, siehe Moritz Voigt (siehe oben S. 82 Anm. 3), Seite 576 ff., Beilage 6. — Ueber den ursprünglichen Gedanken Ulpians ebenda 292.

[1]) Dist. I c. 7; Dist. VIII, Einl.: Differt etiam ius naturae a consuetudine et constitutione. Nam *iure naturae sunt omnia communia omnibus*, quod non solum inter eos servatum creditur, de quibus legitur: „Multitudinis autem credentium erat cor unum et anima una etc.", verum etiam ex praecedenti tempore a philosophis traditum invenitur: unde apud Platonem illa civitas iustissime ordinata traditur, in qua quisque proprios nescit affectus. Iure vero consuetudinis vel constitutionis hoc meum est, illud vero alterius. — Vergl. dazu oben S. 105 Anm. 1.

[2]) Im Anfang des vierten Jahrhunderts findet sich noch ein christlicher Philosoph, der den Kommunismus des platonischen Staates als ungerecht bekämpft: Lactantius († um 330): Div. Institut. III, 21. 3 (Wiener corpus script. eccl. lat. tom. 19): . . . . „omnia in communi possideant". ferri hoc potest, quamdiu de pecunia dici videtur. Quod ipsum quam *impossibile* sit et quam *iniustum*, poteram multis rebus ostendere; concedamus tamen, ut possit fieri; omnes enim sapientes erunt et pecuniam contemnent. Quo ergo illum communitas ista perduxit? „Matrimonia quoque, inquit, communia esse debebunt" etc. — Ebenso Epit. Inst. Div. § 33 (§ 38) 1—2.

Fragen wir nun, wie Thomas sich zu dieser aus so verschiedenartigen Quellen fliessenden Beurteilung des Eigentums gestellt habe, so kann ja zunächst darüber kein Zweifel bestehen, dass er das asketisch-kommunistische Ideal des Mönchtums für seine Person durchaus hochgehalten hat. Mit grosser Leidenschaftlichkeit sogar hat er die gänzliche Besitzlosigkeit der Bettelmönche gegenüber den reichen Besitzungen der älteren Orden gerühmt,[1]) in derselben Weise und mit denselben Argumenten, wie das von jeher in der Kirche geschehen war. Als Mönch ist auch ihm jenes „gemeinsame Leben" der ersten Christen in Jerusalem das Ideal des vollkommenen christlichen Lebens; ja, er nimmt dieses Vorbild sogar für seinen Orden allein in Anspruch, weil der gemeinsame Besitz von Land, wie er bei den älteren Klöstern Regel war, durch jenes Vorbild gerade ausgeschlossen sei.[2])

Und doch zeigt sich schon an der Stelle, wo er das näher ausführt, dass dies Vorbild für ihn seine allgemeingültige Bedeutung verloren hat: nur für den allerhöchsten Grad der Vollkommenheit soll es noch Geltung haben. Noch deutlicher aber spricht die Art, wie er diese Form des kommunistischen Lebens in seiner Apologie des Christentums zu verteidigen sucht:[3]) in Jerusalem konnten die Apostel sie mit vollem Rechte einführen, weil sie wussten, dass hier die Gemeinde ihrer baldigen Auflösung entgegenging; aber in die Heidenkirche haben sie die Gütergemeinschaft nicht mit herübergenommen, weil diese dauernden Bestand für alle Zeiten haben sollte; denn — das

---

[1]) Contra impugnantes etc. c. 6; de perfectione etc. c. 7; contra pestiferam doctrinam etc. c. 14—16. Dieselben Gedanken S. th. II, 2 q. 186 art 3; Contr. gent. III, 133 f. u. a. m.

[2]) Contra doctrinam pestiferam etc. c. 15.

[3]) Contr. gent. III, 135: Et primus quidem modus, scil. quod de pretio possessionum venditarum omnes communiter vivant, sufficiens est, *non tamen ad longum tempus.* Et ideo Apostoli hunc modum vivendi fidelibus in Jerusalem instituebant, quia praevidebant per Spiritum sanctum, quod non diu in Jerusalem simul commorari deberent . . . . . Unde non fuit necessarium, nisi ad modicum tempus fidelibus providere; *et propter hoc transeuntes ad gentes, in quibus firmanda et perduratura erat ecclesia, hunc modum vivendi non leguntur instituisse.* — Ebenso Com. in ep. Pauli ad Galatos II, lect. 2 (tom. 13. p. 394 f.) und Contra doctrinam pestiferam etc. c. 15 (pag. 122 f.). Derselbe Gedanke findet sich schon in den pseudoisidorischen Dekretalen, wo er freilich zu ganz anderen Zwecken verwertet wird.

ist das wichtige Zugeständnis, das Thomas macht, — eine Gütergemeinschaft, wie die der Jerusalemer Gemeinde, ist nur möglich für ein auf kurze Zeit berechnetes Zusammenleben; unmöglich aber kann sie Grundlage einer dauernden Organisation der Gesellschaft sein. Für die jetzt bestehende, auf der Grundlage der Heidenkirche ruhende christliche Gesellschaft kann also der Kommunismus der Urgemeinde nicht mehr als vorbildlich anerkannt werden.

Noch weniger Bedeutung aber hat für ihn das andere Vorbild einer kommunistischen Gesellschaftsordnung, das der platonische Idealstaat bieten will, und das man, wie wir sahen, bisher immer direkt neben das der Urgemeinde in Jerusalem gestellt hatte. Hier schliesst er sich nicht nur im Kommentar der aristotelischen Kritik durchaus und in allen Punkten an,[1]) sondern er verwendet deren Ergebnis überhaupt als Grundlage seiner eigenen Eigentumslehre[2]) und schliesst aus den Argumenten des griechischen Philosophen, dass Gütergemeinschaft nur bei solchen möglich ist, die vollkommen sind oder nach der Vollkommenheit streben, die darum die irdischen Güter verachten, um ihretwillen also nicht mehr untereinander in Streit geraten können.[3]) Das heisst, das „gemeinschaftliche Leben" kann immer nur eine Ausnahme, niemals aber allgemein gültige Norm für die Gesellschaft überhaupt sein. **Die Grundlage für die wirtschaftliche Organisation der Gesellschaft im ganzen kann demnach nur durch die Institution des Privateigentums gebildet werden.** Darin liegt nun zugleich die Ablehnung auch jener kommunistischen Theorie der

---

[1]) Com. in Pol. II, lect. 4.

[2]) Siehe oben Seite 99—101.

[3]) Contr. gent. III, 135: Est autem et secundus modus vivendi conveniens voluntariam paupertatem sectantibus, ut scil. de possessionibus communibus vivant. ..... Nec etiam propter hunc modum vivendi concordia tollitur occasione communium possessionem. Tales enim debent voluntariam paupertatem assumere, qui temporalia contemnunt; et tales pro temporalibus communibus discordare non possunt, praesertim cum ex temporalibus nihil praeter necessaria vitae debeant expectare, et cum dispensatores oporteat esse fideles. *Nec propter hoc, quod aliqui hoc modo vivendi abutantur, hic modus vivendi potest improbari*, cum etiam bonis mali utantur male, sicut et malis boni bene utuntur. — Daher wäre auch im Stande der Unschuld Gütergemeinschaft möglich gewesen; siehe unten S. 112 Anm. 2.

Kirchenväter, die vom Boden des „Naturrechts“ aus das Eigentumsrecht zu bekämpfen suchten.

Wir haben gesehen, dass diese Theorie in dem Satze gipfelte, dass das „Naturrecht“ Gemeinsamkeit des Besitzes für alle Güter fordere, dass es daher einmal den Reichtum als Sünde verdamme, andererseits aber das Almosen als Pflicht der Gerechtigkeit fordere, die die ursprüngliche Ordnung wenigstens teilweise wieder herstelle. Wie hat sich nun Thomas zu diesen Gedanken gestellt? Was zunächst den ersten Satz betrifft, so stellt er ihn, wie wir sahen, an die Spitze der Einwürfe, die gegen seine eigene Auffassung erhoben werden können.[1]) Um ihn zu widerlegen, darf er natürlich nicht die Autorität des kanonischen Rechtes an sich bestreiten; er hilft sich also damit, dass er dem Satze: „nach Naturrecht ist alles gemeinsam“ eine durchaus neue Bedeutung giebt:[2]) dieses Wort will nach ihm nicht positiv den gemeinsamen Besitz aller Güter befehlen und das Privateigentum verbieten, sondern es will nur die Thatsache aussprechen, dass die konkrete Eigentumsverteilung erst eine Folge des positiven Rechtes ist. Darum ist die Institution des Privateigentums überhaupt nicht gegen das Naturrecht, sondern ist eine Ergänzung, die ihm durch die menschliche Vernunft hinzugefügt worden ist. An einer andern Stelle[3]) erklärt er sogar, jenes Wort des kanonischen Rechtes stehe auf derselben Stufe, wie etwa der Satz, dass nach Natur-

---

[1]) S. th. II, 2. q. 66 art 2 obi 1; siehe oben S. 102. Anm. 2.

[2]) q. 66 art 2 ad 1: Ad primum ergo dicendum, quod communitas rerum attribuitur iuri naturali, non quia ius naturale dictet omnia esse possidenda communiter et nihil esse quasi proprium possidendum; sed quia secundum ius naturale non est distinctio possessionum, sed magis secundum humanum condictum, quod pertinet ad ius positivum, ut supra dictum est. Unde proprietas possessionum non est contra ius naturale, sed iuri naturali superadditur per adinventionum rationis humanae.

[3]) S. th. II, 1 q. 94 art 5 ad 3: Ad tertium dicendum, quod aliquid dicitur esse de iure naturali dupliciter: uno modo, quia ad hoc natura inclinat, sicut non esse iniuriam alteri faciendam; alio modo quia natura non inducit contrarium, sicut possemus dicere, quod hominem esse nudum est de iure naturali, quia natura non dedit ei vestitum, sed ars adinvenit. Et hoc modo „communis omnium possessio et una libertas“ dicitur esse de iure naturali, quia scilicet distinctio possessionum et servitus non sunt inductae a natura, sed per hominum rationem ad utilitatem humanae vitae etc.

recht der Mensch nackend sei; denn ebenso wie ihm die Kleidung nicht „von Natur" mitgegeben, sondern von ihm selbst nach eigener Erfindung hergestellt worden ist, so besteht auch das Eigentumsrecht nicht „von Natur", sondern ist durch menschliche Vernunft erfunden worden.

Wenn man diese Sätze mit denen der früheren Kirchenlehrer vergleicht, so ist es kaum zu verstehen, wie sogar ein Theologe wie Albrecht Ritschl[1]) hier die Ablehnung des naturrechtlichen Kommunismus hat übersehen können. Ausdrücklich wird ja bestritten, dass der Satz Isidors diese Bedeutung haben könne; und ebenso ausdrücklich wird immer hinzugefügt, dass das Eigentum auf der menschlichen Vernunft beruhe. Damit soll es doch nicht, wie Ritschl anzunehmen scheint, in seiner Bedeutung herabgesetzt werden; vielmehr wird es dadurch gerade als eine der für das menschliche Leben notwendigen Einrichtungen bezeichnet. Vergleicht man damit die Ausführungen der Kirchenväter, die in allen möglichen Wendungen den Satz variieren, dass Eigentum Diebstahl sei, so ermisst man den gewaltigen Unterschied.

Darum hat es nun für Thomas einen ganz andern Sinn als für jene, wenn er sagt, dass das Eigentum eine Folge der Sünde ist. Wohl lehnt auch er es ab,[2]) dass im Stande der Unschuld eine Trennung des Besitzes nötig gewesen wäre: die Menschen hätten da eben ohne die Gefahr der Zwietracht alles gemeinsam verwalten können, wie das unter guten Menschen ja auch jetzt noch gelegentlich möglich ist. Darum liegt ihm die Notwendigkeit des Privateigentums allerdings erst in der durch die Sünde hervorgebrachten Verderbnis der menschlichen

---

[1]) Ritschl a. a. O. Seite 12: „Allein es wird hinzugefügt, das Privateigentum verstosse nicht gegen das natürliche Recht, sondern sei durch Erfindung der menschlichen Vernunft demselben nur hinzugefügt. Was also können wir im Sinne des Thomas als natürliches Recht vorstellen, wenn nicht die direkte Gemeinschaft der Güter?"

[2]) S. th. I q. 98 art 1 ad 3: Ad tertium dicendum, quod in statu isto multiplicatis dominis necesse est fieri divisionem possessionum, quia communitas possessionis est occasio discordiae, ut Philosophus dicit. Sed in statu innocentiae fuissent voluntates hominum sic ordinatae, quod absque omni periculo discordiae communiter usi fuissent secundum quod uniquique eorum competeret rebus, quae eorum dominio subdebantur, cum hoc etiam modo apud multos bonos viros observetur. — Vergl. zum Schluss oben S. 110 Anm. 3.

Natur begründet; aber, diese vorausgesetzt, ist es eine wohlthätige und heilsame Einrichtung, die allein eine geordnete und friedliche Bewirtschaftung der irdischen Güter möglich macht. Das ist doch eine ganz andere Auffassung als die der Kirchenväter, die bei jenem Satze nur daran dachten, dass es durch Frevel und Gewaltthat der Reichen entstanden sei. Darum hat auch der Begriff der Okkupation den ihm bei diesen anhaftenden Makel bei Thomas vollständig verloren.[1])

Auf Grund dieser Ergebnisse ist nun der eingangs erwähnte interkonfessionelle Streit dahin zu erledigen, dass keine von beiden Parteien das Richtige getroffen hat. Weder ist nach Thomas auf Grund des Naturrechtes der Kommunismus als die eigentliche Norm für die menschliche Gesellschaft anzusehen,[2]) noch ist das Privateigentum dadurch geboten: seine Notwendigkeit beruht erst auf der durch die Sünde herbeigeführten Verderbnis der menschlichen Natur.[3]) Vielmehr ist die Stellung des Naturrechtes zum Eigentumsrecht bei Thomas nur als die einer völligen Neutralität zu bezeichnen: weder für noch gegen dieses lässt sich aus jenem ein Argument entnehmen.

Und doch wird man zugeben müssen, dass die katholischen Forscher der Wahrheit bedeutend näher gekommen sind als ihre evangelischen Gegner; denn thatsächlich finden sich Stellen, an denen Thomas das Eigentumsrecht, wenn auch nicht dem „Naturrecht" im eigentlichen Sinne des Wortes, so doch immerhin noch dem „natürlichen Recht" unterstellt. Wir

---

[1]) Das lässt die Widerlegung des oben S. 102 Anm. 3 angeführten Ausspruchs des Basilius deutlich erkennen, S. th. II, 2 q. 66 art 2 ad 2: Ad secundum dicendum, quod ille, qui praeveniens ad spectacula praepararet aliis viam, non illicite ageret; sed ex hoc illicite agit, quod alios prohibet; et similiter dives *non illicite agit, si praeoccupans possessionem rei,* quae a principio erat communis, *aliis etiam communicet;* peccat autem, si alios ab usu illius rei indiscrete prohibeat. Unde Basilius ibidem dicit: 'Cur tu abundas, ille vero mendicat, nisi ut tu bonae dispensationis merita consequaris, ille vero patientiae praemiis coronetur'?

[2]) So Ritschl Seite 12: „Nun spricht er nirgendwo direkt aus, dass die Stadt nach natürlichem Rechte auf Gütergemeinschaft angewiesen sein würde. Aber seine das Privateigentum betreffenden Sätze sind so gefasst, dass sie jenen Zustand als die Norm unter den Menschen voraussetzen."

[3]) Walter sucht Seite 37—42 diesen klaren Sachverhalt möglichst zu verdunkeln; dagegen hat Schneider wenigstens richtig die völlige Neutralität des Naturrechtes erkannt (Jahrb. f. spek. Theol. u. Philos. VIII, 283—317).

haben gelegentlich seiner Begründung der Sklaverei schon gesehen, dass er dieses „natürliche Recht" in zwei Teile zerlegt, von denen einer die an sich natürlichen, der andere die um gewisser Folgen willen natürlichen Rechtsverhältnisse umfasst:[1]) jenen nennt er das „Naturrecht" im engeren Sinne, diesen das „Völkerrecht"; jenes ist allen lebenden Wesen, dieses nur allen Menschen gemeinsam; jenes ruht auf den angeborenen, mehr instinktiven Trieben, dieses ist ein Erzeugnis der allgemein menschlichen Vernunft; beide zusammen aber stehen als „natürliches Recht" in dem Sinne, wie Aristoteles das Wort gebraucht hatte, dem „positiven Gesetzesrecht" gegenüber.[2])

Auf diesem „natürlichen Recht" ruht nun nach Thomas auch das Eigentum.[3]) Das „Naturrecht' im engeren Sinne freilich hat noch nichts damit zu thun; denn an sich liegt kein Grund vor, warum z. B. ein Acker diesem und nicht einem andern gehören sollte: „an sich gehören allen alle Dinge gemeinsam", wie er an einer andern Stelle sagt.[4]) Aber um

---

[1]) S. th. II, 2 q. 57 art 3 c (s. oben S. 83 Anm. 1).

[2]) Com. in Eth. V lect. 12 p. 179a: .... Sicut enim in speculativis sunt quaedam naturaliter cognita, ut principia indemonstrabilia et quae sunt propinqua his, quaedam vero studio hominum adinventa et quae sunt propinqua; ita etiam operativis sunt quaedam principia naturaliter cognita quasi indemonstrabilia principia et propinqua his, ut malum esse vitandum, nulli esse iniuste nocendum, non furandum et similia. Alia vero sunt per industriam hominum excogitata, quae dicuntur hic iusta legalia. Est autem considerandum, quod iustum naturale est, ad quod hominum natura inclinat. Attenditur autem in homine duplex natura: una quidem, secundum quod est animal, quae sibi et aliis animalibus est communis; alia autem natura est hominis, prout scilicet secundum rationem discernit turpe et honestum. Iuristae autem illud tantum dicunt ius naturale, quod consequitur inclinationem naturae communis homini et aliis animalibus, sicut coniunctio maris et feminae, educatio natorum et alia huiusmodi; illud autem ius, quod consequitur propriam inclinationem naturae humanae, scilicet ut homo est rationale animal, vocant iuristae ius gentium, quia eo omnes gentes utuntur, sicut quod pacta sint servanda, et quod legati apud hostes sint tuti, et alia huiusmodi. *Utrumque autem horum comprehenditur sub iusto naturali, prout hic a Philosopho accipitur.*

[3]) Die Mitte der oben S. 83 Anm. 1 ausgeschriebenen Stelle lautet: puta proprietas possessionum; si enim consideretur iste ager absolute, non habet, unde magis sit huius quam illius; sed si consideretur per respectum ad opportunitatem colendi et ad pacificum usum agri, secundum hoc habet quandam commensurationem ad hoc, quod sit unius, et non alterius, ut patet per Philosophum.

[4]) De sortibus c. 2 (tom. 16 p. 310): res autem secundum sui naturam communes sunt omnibus (s. unten S. 116 Anm. 3); vergl. auch S. th. II, 2 q. 66 art 2 ad 2: quae a principio erat communis (s. oben S. 113 Anm. 1).

gewisser Folgen willen, nämlich wegen der schon von Aristoteles hervorgehobenen Sicherstellung einer besseren Bebauung und einer friedlicheren Nutzung, ist es doch „natürlich", dass der Acker einen bestimmten Besitzer habe; und darum gehört das Eigentumsrecht zu jenem zweiten Teile des „natürlichen Rechtes", dem „Völkerrecht". — Dem entspricht durchaus jene schon erwähnte Anschauung,[1]) dass das Privateigentum eine Erfindung der menschlichen Vernunft und als solche eine Ergänzung zu dem „Naturrecht" im engeren Sinne des Wortes ist, weil ja das „Völkerrecht" gerade das eigentliche Vernunftrecht ist.

Wenn somit das Eigentumsrecht als Ausfluss des „natürlichen" Rechtes zweiter Ordnung betrachtet wird, so ist es wenigstens verständlich, wenn auch nicht gerade konsequent, dass nun doch einige seiner Folgerungen direkt dem „Naturrecht" unterstellt werden: so gelegentlich der Satz: „Du sollst nicht stehlen",[2]) der ja zunächst nur dem göttlichen Recht angehört; so auch die Verpflichtung der Eltern, für die Kinder ein Vermögen anzusammeln, und die Gültigkeit des Erbrechts.[3]) Es liegt hier eine ähnliche Inkonsequenz vor, wie schon bei Isidor, wenn er auf das Naturrecht neben dem Ideal des Kommunismus auch die Bestimmungen über Rückgabe von Depositen u. a. begründet hatte;[4]) und wie sich das bei diesem nur aus seinem Anschluss an die römischen Juristen erklärt, so ist es auch bei Thomas nur ein Beweis dafür, wie hoch er von der „Natürlichkeit" des Privateigentums gedacht hat.

Freilich finden sich nun andererseits auch Stellen, an denen er das „Völkerrecht" von jedem Naturrecht scheidet und es als einen Teil des positiven menschlichen Gesetzes, als Korrelat zum „bürgerlichen Recht" hinstellt,[5]) eine Auffassung, die sich wohl

---

[1]) Siehe oben Seite 112.

[2]) Siehe oben S. 114 Anm. 2.

[3]) Sent. IV dist. 33 q. 2 art 1 c: Respondeo dicendum, quod matrimonium *ex intentione naturae* ordinatur ad educationem prolis, non solum per aliquod tempus, sed per totam vitam prolis. Unde *de lege naturae* est, quod parentes filiis thesaurizent et filii parentum heredes sint.

[4]) Siehe oben S. 107 Anm. 4.

[5]) S. th. II, 1 q. 95 art 2 c: Sed sciendum est, quod a lege naturali dupliciter potest derivari: uno modo sicut conclusiones ex principiis, alio modo sicut deter-

aus der materiellen Entwickelung des römischen Rechtes erklärt, die aber, wie schon bei den Juristen, so auch bei Thomas zu manchen Widersprüchen geführt hat. Immerhin wird auch bei dieser Betrachtung das „Völkerrecht" dem „Naturrecht" bedeutend näher gerückt als das „bürgerliche Recht", weil dieses nur die allgemeinen Begriffe des „Naturrechts" willkürlich näher bestimme, jenes aber aus seinen Axiomen die notwendigen Folgerungen ziehe, daher denn auch seinen Sätzen wenigstens in etwas die Kraft naturrechtlicher Verpflichtung zukomme; und so wird ihm denn auch von hier aus wenigstens „eine gewisse Natürlichkeit" zuerkannt.[1])

Somit kommen doch beide Auffassungen des „Völkerrechts" dahin zusammen, dass sie es im Gegensatz zu den wechselnden Bestimmungen der positiven Rechtssatzungen als das notwendige, allgemein menschliche und daher auch in gewisser Weise natürliche Vernunftrecht betrachten. An alledem hat nun auch das Eigentumsrecht teil;[2]) zum positiven Recht gehört es,[3]) sofern doch immerhin erst eine konkrete menschliche

---

minationes quaedam aliquorum communium. . . . . Sed ea, quae sunt primi modi, continentur in lege humana, non tanquam sint solum lege posita, sed habent etiam aliquid vigoris ex lege naturali. Sed ea, quae sunt secundi modi, ex sola lege humana vigorem habent. — Vergl. dazu art 4 c . . . . Nam ad ius gentium pertinent ea, quae derivantur ex lege naturae sicut conclusiones ex principiis; ut iustae emtiones, venditiones et alia huiusmodi, sine quibus homines ad invicem convivere non possunt, quod est de lege naturae, quia homo est naturaliter animal sociale, ut probatur. Quae vero derivantur a lege naturae per modum particularis determinationis, pertinent ad ius civile, secundum quod quaelibet civitas aliquid sibi accommode determinat etc.

[1]) S. th. II, 1 q. 95 art 4 ad 1: ad primum ergo dicendum, quod ius gentium est quidem *aliquo modo naturale* homini, secundum quod est rationalis, in quantum derivatur a lege naturali per modum conclusionis, quae non est multum remota a principiis, unde de facili in huiusmodi homines consenserunt; *distinguitur tamen a lege naturali, maxime ab eo, quod est omnibus animalibus commune.* — Mit jenem war es (oben S. 114 Anm. 2 und 3) gerade identifiziert worden.

[2]) Auf das „Völkerrecht" haben dieses schon die römischen Juristen zurückgeführt; siehe Puchta a. a. O. I, 13.

[3]) De sortibus c. 2. (tom. 16 p. 310): Et quia res vitae nostrae deservientes in nostros usus assumere non possumus, nisi eas aliqualiter habeamus, res autem secundum sui naturam communes sunt omnibus, necesse fuit ad hoc, quod eis distincte homines uti possent, ut per aliquem modum inter homines dividerentur. Quandoque autem communium rerum divisio ex humana industria et voluntatum concordia potest ad effectum perduci, et tunc sortibus non indigetur. Sed quando humanus sensus non sufficit ad concorditer dividendum, tunc consueverunt sorti dividere.

Willenshandlung nötig war, um die, absolut betrachtet, allen gehörigen Güter in Privatbesitz überzuführen; vernunftgemäss aber war diese Willenshandlung deshalb, weil wir ohne sie die irdischen Güter nicht nutzen könnten, die doch nach „Naturrecht“ zu unserem Gebrauch bestimmt sind.[1])

Somit haben die genannten katholischen Theologen sachlich doch die Eigentumslehre des Thomas richtig beurteilt; nur dass sie den Ausdruck „Naturrecht“ in der ihrer modernen Ethik geläufigen Bedeutung verwendet haben und nicht in dem Sinne, den Thomas damit verband. Dass er sich aber in dieser Wertung des Privateigentums völlig von der in der alten Kirche heimischen Theorie entfernt hat, haben auch sie natürlich nicht erkannt, und so sind auch sie nicht zu einer richtigen, geschichtlich begründeten Würdigung der hier erörterten Anschauungen ihres Heiligen gekommen.

Wenn somit Thomas den alten Satz, dass das „Naturrecht“ den Kommunismus fordere, beinahe in sein Gegenteil verkehrt, so wird zu erwarten sein, dass er auch die altkirchliche Auffassung des Almosens nicht ganz unverändert gelassen haben wird. Zwar steht er darin noch ganz auf dem Boden der Kirchenväter, dass er die unbedingte Verpflichtung zum Almosengeben betont: der ganze Ueberfluss, d. h. wie wir früher gesehen haben,[2]) alles, was über das standesgemässe Auskommen hinausgeht, gehört den Armen. In diesem Sinne verwendet auch er, wie alle vor ihm, das Wort der Vulgata: quod superest, date eleemosynam;[3]) so findet er sich auch mit jenem Wort des Ambrosius ab, dass alle Güter gemeinsam sein sollen, indem er es eben nur auf den Ueberfluss bezieht;[4]) so wiederholt er auch den alten Satz, dass an irdischen Gütern der eine

---

[1]) Siehe oben S. 98 f. Anm. 4.

[2]) Siehe oben S. 48.

[3]) Z. B. S. th. II, 2 q. 87 art 1 ad 4: .... Tertiae vero decimae quas cum pauperibus comedere debebant, in nova lege augentur per hoc, quod Dominus non solum decimam partem sed omnia superflua pauperibus iubet exhiberi, secundum illud: Quod superest, date eleemosynam (Lc. 11, 41).

[4]) Die Widerlegung des oben S. 102 Anm 3 genannten Einwurfs lautet: Ad tertium dicendum, quod, cum dicit Ambrosius: 'Nemo proprium dicat quod est commune', loquitur de proprietate quantum ad usum; unde subdit: 'Plus quam

Ueberfluss nur dann haben könne, wenn der andere Mangel leide, dass deshalb die Habsucht in dem früher bestimmten Sinne eine Sünde gegen den Nächsten sei.[1]) Wohl verlangt er, damit die allgemeine, potentiell bei vorhandenem Ueberfluss stets bestehende Verpflichtung zum Almosengeben aktuell werde, müsse auf seiten des Empfängers auch wirkliche Not vorhanden sein,[2]) und die Bestimmung, ob sie im einzelnen Falle thatsächlich vorhanden ist, oder welchen der vielen Notleidenden man mit seinen Mitteln unterstützen müsse, überlässt er dem Gewissen des einzelnen.[3]) Aber durch diese Abweichung in der Praxis wird jener allgemeine Satz doch an sich nicht aufgehoben, dass das Almosen als eine unbedingte Pflicht erscheint: hierin unterscheidet sich Thomas also nicht von seinen Vorgängern.

Ja, sogar darin stimmt er mit ihnen noch vollkommen überein, dass es auch bei ihm ein Satz des „Naturrechts" ist, auf den jene unbedingte Verpflichtung zum Almosengeben sich gründet; nur ist der Inhalt dieses Satzes ein durchaus anderer geworden. An Stelle des Wortes, dass nach „Naturrecht"

---

sufficeret sumtui, violenter oblentum est'. — Ebenso werden die oben S. 106 Anm. 2 genannten Ausführungen des Basilius nur hierauf bezogen: S. th. II, 2 q. 118 art. 4 ad 2. Vergl. auch unten S. 119 Anm. 1.

[1]) S. th. II, 2 q. 118 art 1 ad 2: . . . . . et secundum hoc (avaritia) est directe peccatum in proximum, quia in exterioribus divitiis non potest unus homo superabundare, nisi alter deficiat, quia bona temporalia non possunt simul possideri a multis etc.

[2]) S. th. II, 2 q. 71 art 1 c: . . . . Quibus tamen concurrentibus considerandum restat, utrum aliquis tantam necessitatem patiatur, quod non in promptu appareat, quomodo ei possit aliter subveniri, et in tali casu tenetur ei opus misericordiae impendere; si autem in promptu appareat, quomodo aliter ei subveniri possit vel per se ipsum vel per aliam personam magis coniunctam aut maiorem facultatem habentem, non tenetur ex necessitate indigenti subvenire, ita quod non faciendo peccet; quamvis si subvenerit absque tali necessitate, laudabiliter faciat.

[3]) S. th. II, 2 q. 185 art 7 ad 1: . . . . non autem potest determinari, quando sit ista necessitas, quae ad peccatum mortale obliget, sicut nec cetera particularia, quae in humanis actibus considerantur: horum enim determinatio relinquitur humanae prudentiae. — Quaest. quodl. VI, 12 ad 1 . . . . . Unde non semper peccat mortaliter, quotiescunque non dat pauperi, qui superfluum habet, sed quando necessitas imminet. Quando autem sit talis necessitas, quod obliget ad peccatum mortale, non potest ratione determinari, sed committitur prudentiae et fidei dispensantis; unde si bona fide det, quando sibi videtur expedire, immunis est a peccato; alioquin mortaliter peccat. — Vergl. auch VIII, 12 c und die folgende Anm.

alles gemeinsam sei, steht bei ihm [1]) der Ausspruch des Aristoteles, den er, wie wir sahen, seiner Eigentumslehre überhaupt zu Grunde gelegt hatte,[2]) dass die Naturgüter dazu bestimmt sind, den Bedürfnissen der Menschen zu dienen; dieser ihrer obersten Bestimmung darf die Eigentums verteilung nicht widersprechen, die doch erst aus dem positiven Rechte stammt; das thut sie aber, wenn sie dem einen Güter in Ueberfluss zuweist, während der andere Mangel hat. Darum gehört der Ueberfluss des Reichen nach „Naturrecht" dem Armen, wobei freilich wieder die schon erwähnten Abmilderungen dieses Satzes für die Praxis nicht vergessen werden.

Mit dieser Begründung des Almosens auf die oberste Bestimmung aller irdischen Güter ist nun aber auch aus der Almosenlehre jede Spur des naturrechtlichen Kommunismus verschwunden. Der Satz, dass alle Naturdinge dazu da sind, menschlicher Notdurft zu dienen, der ja in gleicher Weise von Aristoteles und der Bibel vertreten wird, hat nichts mehr zu thun mit jener Anschauung, nach der der gemeinsame Besitz aller Güter durch das „Naturrecht" gefordert ist. Dem entspricht vollkommen, dass bei Thomas das Almosen nicht mehr eine Handlung der Gerechtigkeit ist;[3]) vielmehr erscheint es

---

[1]) S. th. II, 2 q. 66 art 7 c: utrum liceat alicui furari propter necessitatem? Respondeo dicendum, quod ea, quae sunt iuris humani, non possunt derogare iuri naturali vel iuri divino. Secundum autem naturalem ordinem ex divina providentia institutum res inferiores sunt ordinatae ad hoc, quod ex his subveniatur hominum necessitati. Et ideo per rerum divisionem et appropriationem ex iure humano procedentem non impeditur, quin hominis necessitati sit subveniendum ex huiusmodi rebus. Et ideo res, quas aliqui superabundanter habent, ex naturali iure debentur pauperum sustentationi. Unde Ambrosius dicit: „Esurientium panis est, quem tu detines; nudorum indumentum est, quod tu recludis; miserorum redemtio et absolutio est pecunia, quam tu in terram defodis". — Sed quia multi sunt necessitatem patientes, et non potest ex eadem re omnibus subveniri, committitur arbitrio uniuscuiusque dispensatio propriarum rerum, ut ex eis subveniat necessitatem patientibus etc.

[2]) Siehe oben Seite 98.

[3]) In der Sum. theol. wird das Almosen behandelt unter den exteriores actus sive effectus caritatis, und zwar zunächst als Handlung der Barmherzigkeit (II, 2 q. 31. prooem. und q. 32 art 1 c). Dabei wird es aber auch indirekt als Akt der latria, liberalitas und iustitia dargestellt, letzteres insofern es zur satisfactio gehört (art 1 ad 2—4). — Etwas anderes Sent. IV dist. 15 art 1 q. 3 ad 4: Ad quartum dicendum, quod subvenire miseris non est actus iustitiae ratione sui, sed ratione suae partis, secundum quod liberalitas etiam ad iustitiam reducitur sicut pars.

bei ihm unter den Kategorien der Liebe, Barmherzigkeit, Frömmigkeit und Freigebigkeit, und nur, weil die beiden letzteren nach seinem Schema zur Gerechtigkeit gehören, findet er überhaupt eine Erklärung dafür, dass man es früher ganz zu den Handlungen dieser Tugend gerechnet hatte.

Auf denselben Grundsatz, wie das Almosen, begründet Thomas schliesslich auch die Ansicht, die man immer als extremsten Ausdruck seiner kommunistischen Tendenz betrachtet hat, nämlich die Berechtigung des Diebstahls in äusserster Not:[1]) weil die Naturdinge dazu da sind, menschlicher Notdurft zu dienen, darum hat der Notleidende schliesslich, wenn gar keine andere Hilfe möglich ist, und es sich um Gefahr für Leib und Leben handelt, das Recht, offen oder heimlich mit fremdem Gute seine Notdurft zu stillen. Dasselbe Recht über fremdes Eigentum hat jeder, der einen andern in äusserster Not sieht und ihn aus eigenen Mitteln nicht unterstützen kann. Hier gilt auch für Thomas der Satz, den schon Augustin aufgestellt hat, dass in der äussersten Not alle Dinge gemeinsam sind.[2]) Aber dieser Satz hat trotz des ähnlich klingenden Wortlautes nichts mit dem andern gemein, dass nach Naturrecht alles gemeinsam sei; er ist nur ein Ergebnis

---

[1]) Der Schluss der S. 119 Anm. 1 zitierten Stelle lautet: Si tamen adeo sit evidens et urgens necessitas, ut manifestum sit instanti necessitati de rebus occurrentibus esse subveniendum (puta cum imminet personae periculum et aliter subveniri non potest), tunc licite potest aliquis ex rebus alienis suae necessitati subvenire sive manifeste sive occulte sublatis, nec hoc proprie habet rationem furti vel rapinae.

[2]) Derartige Bestimmungen finden sich bei Thomas sehr häufig; wir geben daher nur eine Uebersicht der Stellen: 1. Diebstahl in eigener Not erlaubt: S. th. II, 2 q. 32 art 7 ad 3*; Sent. IV dist. 15 q. 2 art 1; q. 4 ad 2*; dist. 20 art 1. q. 2 arg. sed contra; Quaest quodl. V, 17 ad 1**. — 2. Weggabe eines Gutes, über das man kein eigenes Verfügungsrecht hat, an einen Notleidenden: S. th. II, 2 q. 32 art 8 ad 1; ad 2; q. 66 art 7 ad 3; Sent. IV dist. 15 q. 2 art 5 q. 1 c*, 4 c. — 3. Diebstahl oder Unterschlagung zu Gunsten eines Notleidenden: S. th. II, 2 q. 31 art 3 ad 3; q. 32 art. 7 ad 3*; q. 62 art 5 ad 4; q. 110 art 3 ad 4*; Sent. IV dist. 15 q. 2 art 4 q. 2 ad 2*; art 5 q. 1 c. — 4. Einzelheiten: Almosen vom notwendigen Bedarf zu geben verpfichtet: S. th. II, 2 q. 32 art 6 c; Sent. dist. 15 q. 2 art 4 q. 1 c. — Auch Mönche zur Handarbeit verpflichtet: s. oben S. 64 f. Anm. 5. — NB. Die mit * bezeichneten Stellen haben den Ausdruck: quia in casu extremae necessitatis omnia sunt communia oder Aehnliches. — **: Augustin als Quelle für dieses Wort genannt; ebenso irrtümlich Ambrosius. S. th. II, 2 q. 187 art 4 c.

der gemeinchristlichen Anschauung, dass alle anderen Rücksichten schweigen müssen, wo es sich um Erhaltung eines Menschenlebens handelt, einer Anschauung, die für Thomas durch die aristotelischen Sätze von der obersten Bestimmung aller Naturgüter und von der gemeinsamen Nutzung alles Besitzes unter Freunden noch besonders empfohlen war.

So ist denn schliesslich das Ergebnis, auf das die vorstehende Untersuchung an allen Punkten geführt hat, dass das „Naturrecht" bei Thomas den kommunistischen Inhalt verloren hat, den es in der früheren Theologie hatte. Das Eigentum, früher verachtet als Folge brutaler und ungerechter Okkupation, wird nun als notwendige Grundlage des gesellschaftlichen Lebens betrachtet, notwendig wenigstens für die Menschen, wie sie in der gegenwärtigen Weltperiode nun einmal sind; es wird gewürdigt als Ausfluss der natürlichen Vernunft, als allgemein menschliche Einrichtung, die unabhängig ist von den wechselnden Satzungen des bürgerlichen Rechtes; um seiner wohlthätigen Folgen willen wird ihm sogar in gewissem Sinne der Charakter des „natürlichen Rechtes" zuerkannt. Damit ist die frühere Auffassung des Eigentums überwunden; aber zugleich ist damit die spätere Anschauung schon vorbereitet, für die das Privateigentum zu einer Kategorie des „Naturrechtes" geworden ist. In dieser Mittelstellung zwischen dem Kommunismus der Kirchenväter und der naturrechtlichen Ethik der späteren Zeit liegt die eminente historische Bedeutung der Eigentumslehre unseres Theologen.

Der Fortschritt, der sich bei ihm gegenüber der früheren Theologie zeigt, ist aber darin begründet, dass er eine neue Betrachtungsweise dieser Frage in die kirchliche Lehre eingeführt hat. Die Kirchenväter waren noch ganz nur vom Gebrauchsvermögen, von der Konsumtion der Güter ausgegangen und hatten festgestellt, dass hier eine ausschliessliche Durchführung des Eigentumsbegriffes bei sehr ungleicher Vermögensverteilung sozial und sittlich schädlich wirken muss; darum hatten sie aus sittlichen Gründen die Theorie des naturrechtlichen Kommunismus vertreten. Thomas aber legt zum ersten Male innerhalb der christlichen Wissenschaft der Lehre vom Eigentum die Unterscheidung der Produktion und der Konsumtion der Güter zu Grunde und kommt von hier aus zu einer Rechtfertigung des Privateigentums, die neben sittlichen in erster Linie auf wirtschaftlichen Erwägungen beruht. Mögen vom Standpunkt der heutigen Wissenschaft seine Ergebnisse auch noch so ungenügend erscheinen, für seine Zeit enthielten sie jedenfalls schon einen bedeutenden Fortschritt: sie machten zum ersten Male innerhalb der Kirche eine positive Würdigung der wirtschaftlichen Funktionen des Eigentums möglich.

Und doch ist, wie wir gesehen haben, das Mass eigener Gedanken in allen diesen Erörterungen bei Thomas unendlich klein. Vielmehr sind es überall nur die Grundbegriffe der römischen Juristen und die Argumente des Aristoteles, auf denen seine Eigentumslehre sich aufbaut. Aber diese aus der antiken Litteratur kommenden Gedanken sind es nun gerade, die den Fortschritt über die Kirchenväter hinaus herbeigeführt haben. Darin eben bewährt auch diese Eigentumslehre ihren scholastischen Charakter, dass bei ihr, wie bei der ganzen Scholastik überhaupt, das Hinauswachsen über die frühere Stufe mittelalterlicher Wissenschaft bedingt ist durch die Aufnahme der bis dahin unbekannten Teile der aristotelischen Philosophie. Diese Herübernahme wäre andererseits aber auch gar nicht möglich gewesen, wenn nicht die Geistesrichtung der ganzen Zeit dahin gegangen wäre, dass sie schon mehr, als das in früheren Jahrhunderten möglich war, dem wirklichen Leben ihre Aufmerksamkeit zuwandte, dass sie darum auch die positive Bedeutung, die das Eigentum in der Wirklichkeit des gesellschaftlichen Lebens hatte, schon etwas mehr zu würdigen begann. Darin also entspricht diese Eigentumslehre ganz dem Charakter des dreizehnten Jahrhunderts, bis zu dem man ja auch sonst die ersten Anfänge modernen Geisteslebens zurückzuverfolgen sich neuerdings immer mehr genötigt sieht. Hier erweitert sich aber die Würdigung der Eigentumslehre des Thomas notwendig zu einer solchen seiner Wirtschaftslehre überhaupt; darum kann dieser Punkt erst am Ende der ganzen Untersuchung seine nähere Ausführung und Begründung finden.
